실무자가 쓴 CRM 이야기

CRM의 엔진을 힘차게 돌려라!

최 영 무

남두도서

남두(南斗) : 남두육성(南斗六星)

은하의 중심인 사수자리에 있는 국자모양의 여섯 개의 별로서, 인간의 탄생을 결정하는 별로 알려져 있다.

실무자가 쓴 CRM 이야기

CRM의 엔진을 힘차게 돌려라!

최 영 무

남두도서

남두(南斗) : 남두육성(南斗六星)

은하의 중심인 사수자리에 있는 국자모양의 여섯 개의 별로서, 인간의 탄생을 결정하는 별로 알려져 있다.

머리말

CRM은 반드시 구현되어야 한다

어쩌면 우리는 이러한 상황을 예상하였을 수도 있다.

CRM(고객관계관리 : Customer Relationship Management)이 과장되게 포장된 채로 기업의 관심을 끌다가 시간이 지날수록 애초의 약속이 가시화되지 않자 실망을 갖게 되고, 급기야 조직 내에서 아무도 관심을 갖지 않는 지경에까지 이르게 되었는지도 모른다.

우리나라에 1990년대 후반부터 도입된 CRM은, 현재 잘 활용하는 기업도 있지만 대부분의 기업에서는 아직 뚜렷한 성공사례를 보여주지 못한 채 주변의 강한 의문의 눈초리를 의식하며 고군분투하고 있는 실정이다.

CRM의 도입과 투자를 결정한 경영진도, 그것을 운영하는 CRM 실무자들도, 영업현장에서 바뀌어진 업무 프로세스와 시스템을 사용하는 직원들도, 심지어 고객접점에서 서비스를 제공받는 고객들도 혼란에 빠진 채 CRM의 효용성이나 지속 여부에 대해서 회의적인 태도를 보이기도 한다.

한마디로 CRM은 돌부리에 걸리든, 제풀에 꺾였든 어떤 이유에서든 시련을 겪은 것은 사실이다. CRM을 담당하는 실무자로서는 안타까운 심정을 금할 길이 없으며, 앞으로 CRM에 대하여 무엇을 어떻게 해야 CRM을 더욱 유용하게 활용할지를 곰곰이 생각해야 할 순간이 온 것이다.

이 책은 현재의 상황에서 CRM 실무자들이 다시 한번 기본으로 돌아가 검토해보아야 할 사항들을, 같은 CRM 실무자의 입장에서 정리한 것이다. 이 책의 의도는 CRM의 개념이나 구체적인 실행방안을 제시한다기보다는 그 동안 간과되어왔던 CRM 운영상의 이슈들에 대한 소견과 그에 대한 극복방안의 실마리를 제공하고자 하는 작은 소망에서 비롯된 것이다.

이 책은 CRM 프레임워크(framework)를 기반으로 하여 제품 중심의 기업이 어떻게 하면 고객 중심으로, 더 나아가 고객과의 관계 중심으로 효율적으로 전환해나갈 수 있는지를 주로 다루고 있다.

따라서 독자들이 알고 있는 지식을 되풀이하여 기술하는 것이 아니라 독자 스스로가 CRM의 개념과 본질을 다시 한번 생각할 수 있는 기회를 갖도록 하는 데 주목적이 있다.

이 책은 크게 3부분으로 구성되어 있다. 제1장에서는 CRM의 현황과 당위성을 다루었으며, 제2장에서는 CRM 프레임워크를 제시하고, 그 구성요소를 각각 살펴 어떻게 그것들을 서로 연계시키고 구동력을 부여하여 운영하는가를 다루고 있다. 마지막 제3장에서는 현장에서 CRM을 구현하여 최종적으로 피드백(feedback)하는 방법을 정리하였다.

부록에서는 신용카드의 경우에 CRM 프레임워크를 적용한 예시를 들고, CRM의 주요 수단인 로열티 프로그램과 고객접촉센터에 대해 알아보고, 마지막으로 서비스와 CRM의 관계에 대해 살펴보았다.

이 책이 이미 CRM을 실행하고 있는 실무자들에게는 CRM의 구현 현장에서 이슈에 봉착하거나 CRM을 재정비할 때 참고자료로서 역할을 하며, 이제 CRM을 도입하려는 실무자들에게는 시행착오를 되풀이하지 않고 CRM의 방향을 올바르게 설정하는 데 도움이 되는 지침서가 되기를 바란다.

나름대로 노력을 하였으나 내용상 부족한 부분이 많이 있을 것이라 생각한다. 이 점에 대해서는 독자 여러분의 넓은 양해를 부탁드리며, 앞으로 지속적인 보강을 해나갈 것이다.

끝으로, 이 책의 발행을 위하여 교정과 정리를 도와주신 편집진께 감사를 드린다. 또한 항상 보살펴주시는 부모님께 감사드리며, 옆에서 지켜보고 있는 가족 모두에게도 고마운 마음을 전한다. 그리고 늘 도움을 주시는 친지 · 선배 · 후배 · 동료들께도 이 지면을 통해 감사의 인사를 드리는 바이다.

CRM은 한번 크게 시련을 겪었다. 우리 CRM 실무자들은 CRM을 일으켜세우고, 스스로 걷게 하여 다시 힘차게 달릴 수 있도록 최선을 다해야 할 것이다.

저자 씀

차 례

Contents

제1장
CRM은 구현시킬 가치가 있다

A Key Competitive Edge

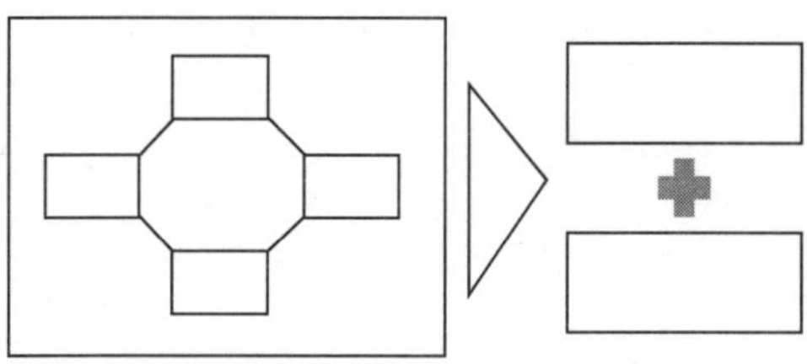

제1장

CRM은 구현시킬 가치가 있다

A Key Competitive Edge

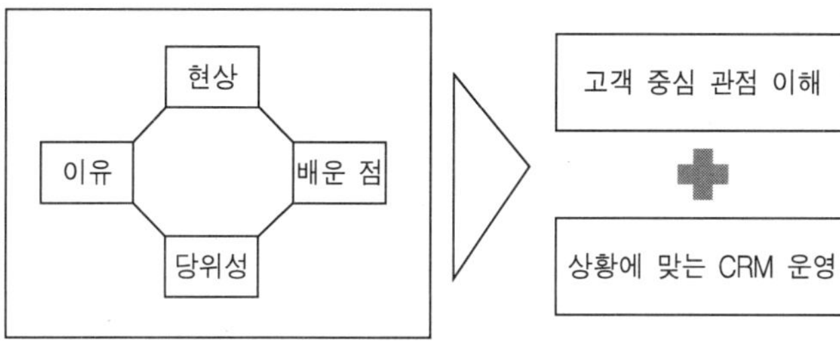

경영 우위 요소 중 CRM은 기업이 경쟁사와 차별화를 이룰 수 있는 최후의 보루이다. 제1장에서는 우선 CRM에 대한 현상과 그 이유에 대해 간략히 알아보고, CRM을 구현해야 하는 당위성에 대하여 다루고자 한다.

그 뒤 '고객 중심'이라는 개념을 살펴보고, 각자의 상황에 맞는 CRM을 구현하기 위해 해야 할 일 등을 점검하기로 한다.

CRM은 처한 환경을 정확히 파악하고, 기업 스스로가 고객을 중심으로 기업을 경영할 의지가 있을 때만이 비로소 그 성공적인 진행이 가능하다.

1.1 CRM에 대한 정확한 현상 파악

1. 현 상

우선 CRM에 대하여 기업의 조직 내의 반응은 부정적인 것이 더 많은 듯한데 그 대표적인 것이 '어렵다'이거나 '효과가 없다'이다.

'어렵다'는 이야기는 CRM을 이해하기 어렵다, 실행하기 어렵다, 이론적이다, 실체가 잡히지 않는다, 주체가 모호하다, 어디서 시작해서 어디서 끝내어야 하는지를 모르겠다 등을 뜻한다. 반면에 '효과가 없다'는 이야기는 영업현장에 도움이 되지 않는다, 투자비용 대비 결과가 없다, CRM을 활용하여 돈을 벌고 있는지 모르겠다, CRM의 도입 전후간에 차이가 없다, CRM 없이도 잘할 수 있다 등을 의미하고 있다.

그렇다면 CRM에 대한 긍정적인 반응은 무엇일까?

우선 기업 경영상 고객 중심의 생각을 구체적으로 심어주었다. 기존에도 고객만족 등 고객 중심의 개념이 있었지만 CRM만큼 고객을 비즈니스의 중심에 두지는 못했다.

다음은 과학적인 경영기법을 도입한 점이다. 고객의 정보를 바탕으로 분석하고, 고객의 행동을 이해·예측하여 의사결정을 내리는 방식은 기존의 경영 경험이나 감각에 의한 방식보다 진일보되었다고 말할 수 있다.

2. 이 유

CRM에 대해서는 긍정적인 면이 있음에도 불구하고 왜 부정적인 시각이 더 지배적일까? 그것은 크게 CRM 자체에서 오는 이유와 CRM 적용시 발생하는 이유로 나누어 생각할 수 있다.

(1) CRM 자체

CRM은 그 자체의 범위가 넓어서 어렵게 느껴질 수 있다. 고객정보, 분석작업, 전략 수립, 과제 개발과 실행, 프로세스 개발, 시스템 구축, 현장 수행, 변화관리 등의 광범위한 영역을 포함하기 때문에 보는 사람에 따라 정의가 다르게 내려지고, 관련자 사이에서도 이해가 공유되지 못하는 속성을 지니고 있다.

(2) CRM 적용시

많은 시행착오가 CRM 적용시 파생되어 왔는데 불분명한 도입목적, 전산 위주의 의사결정, 전사적인 사전 조율의 미비, 직원들에 대한 역량 및 동기부여 부족, 일관성 없는 운영, 경영층의 관리 미비 등이 그 대표적인 예라고 할 수 있다.

CRM의 시작은 시스템 부문이든, 마케팅 부문 혹은 영업부문이 될 수 있었겠지만 도입목적과 그에 따른 기대효과가 명확하게 정리되어 공유되지 못하였고, 각 부서의 관심사에만 집중하다 보니 부서간의 협조가 선행되지 못하였다.

예를 들어 영업관리상의 효율성을 목적으로 영업자동화 프로그램을 도입할 때 기존의 영업체제에 대한 검토, 영업현장에 대한 동기부여나 교육계획, 마케팅 부서의 고객정보의 분석을 통한 영업지원 전략 등이 고려되지 않았다면 그 결과는 실패로 끝날 것은 자명한 일일 것이다. 이것은 지극히 상식적인 이야기지만 현재도 여러 기업에서 일어나고 있는 실제적인 현상이다.

3. 배운 점

우리는 또한 CRM 구현을 통하여 해야 할 일과 하지 않아야 할 일에 대한 지식도 체득할 수 있었는데 그 내용은 다음과 같다.

(1) 해야 할 일

CRM은 발전단계를 거치며 단계적으로 실현하여야 하며, 전사적인 참여를 통하여 이루어져야 한다. 단계적이라는 의미는 CRM의 로드맵(roadmap)이 미리 정해져야 하며, CRM의 구현도 일정기간 동안 로드맵 상의 해당 단계를 충분히 소화하고 난 후 다음 단계로 넘어가야 한다는 것이다.

전사적인 참여는 매우 어려운 부분으로, 요약하면 CRM의 구현은 CRM 부서의 힘만으로는 절대 이루어질 수 없으며, 여러 부서가 같이 보조를 맞추어나가야 한다는 의미이다.

(2) 하지 않아야 할 일

반면에 CRM은 정보기술(IT : Information Technology)의 주도형이 되어서는 안 되며, 기업의 일방적인 CRM 활동이 되어서도 안 된다. IT 관련된 부분은 이미 많은 사람들이 지적한 부분으로서 CRM 현업의 요건을 기반으로 업무 프로세스를 만들고, 그에 따라 전산 시스템의 구축과 개발이 필요하며, 그 이후에도 시스템의 사용 활성화와 조직의 변화관리 등 비전산적인 업무가 선행되거나 후행되어야 함을 말한다.

기업의 일방적인 CRM 활동이란 기업과 고객간의 쌍방향적인 마케팅 의사소통이 아님을 의미한다. 많은 기업들이 머리로는 이것을 이해하지만 행동은 그 반대로 행하고 있다.

예를 들면 동일한 고객에 대한 잦은 캠페인 접촉, 도움이 안 되는 우편물의 과다발송, 고객의 선호를 반영하지 못한 일률적인 상품 제안 등 고객과 상호적으로 활동하지 못하였다. 기업이 고객에게 행하는 일방적인 행동은 정교한 CRM을 통해 조절되어야 한다.

4. CRM의 당위성

이상과 같이 살펴본 여러 이슈에도 불구하고 기업이 CRM을 지속해야 할 당위성은 다음 4가지로 정리될 수 있다.

(1) 고객 중심의 가치의 창조와 교환

기업의 경쟁우위 요소는 상품·프로세스·서비스뿐 아니라 고객도 중요한 요소이다. 특히 고객관리는 경쟁사가 모방할 수 없는 차별화된 경쟁 포인트로서 중요성이 배가되어가고 있다.

따라서 기업은 고객의 니즈(needs)를 파악하여 고객이 원하는 가치(value)를 창조하여 전달하고, 그에 상응하는 가치를 고객으로부터 받아서 수익을 극대화한다는 비즈니스 명제를 지켜나가야 한다.

(2) 고객관계의 지속적 구축

기업은 단순한 고객관리 차원으로부터 고객과의 관계를 장기적으로 유지 발전시켜 감으로써 보다 안정적인 수익을 확보할 수 있다. 이런 고객과의 관계는 일시적인 것이 아니라 반복적인 대화, 개인화된 제안 제시 등을 통하여 이루어질 수 있는데 CRM은 여러 마케팅 방법이나 기술적 수단을 통하여 고객과의 지속적인 커뮤니케이션을 효율적으로 진행시킬 수 있다.

(3) 과학적인 의사결정 프로세스 지원

CRM은 고객이나 마케팅 활동에 대한 가설을 세우고, 그것을 고객정보로 분석한 후 CRM 과제수행 등을 통해 고객의 반응을 반영하여 가설을 재수정하는 과정을 반복함으로써 사실에 근거한 의사결정을 효과적으로 지원할 수 있다.

(4) 마케팅 · 영업 · 서비스 활동간의 시너지 창출

기업의 영업활동이 마케팅 활동과 서비스 활동과 무관하게 행해지거나 서로 조화가 되지 않은 채로 운영되는 경우가 많은데 CRM은 이 세 가지 활동들을 서로 적시적으로 연계 · 조정하여 시너지 효과를 높이는 것을 가능하게 해준다.

사전 분석을 통하여 고객에 적합한 제안이 결정되고, 영업현장에서 고객과 접점 활동시 이 내용이 전달되고, 현장직원은 고객의 반응과 요청을 피드백하여 추후에 해당 서비스가 이루어지게 하는 등의 일련의 활동이 그 대표적인 예라 할 수 있다.

1.2
'고객 중심' 관점의 올바른 이해

1. 기업 내 '고객'의 비중

기업의 경영상 '고객'이란 항상 필요한 하나의 경영요소이지만 중요성에 비추어본다면 다른 경영요소에 비해 상대적으로 중요하지 않은 경우가 많다. 산업의 특성, 혹은 경영단계의 국면에 따라서 상품상 기술력의 우위, 탄력적인 가격 제안, 일사불란한 영업인력의 운영 등 여타 경영요소들이 고객보다 더 중요할 수 있다.

따라서 CRM 실무자들은 맹목적인 고객우선 주의에서 벗어나 객관적인 시각에서 현재 조직 내의 고객에 대한 위상이 어떤지를 정확히 판단하는 태도를 가져야 한다. 즉 자신이 속한 산업이 근본적으로 고객 위주의 특성을 가진 것인지, 그렇지 않다 하더라도 최근 고객의 중요성을 반영하려는 의향이 있는지, 고객이 기업의 수익구조에 얼마나 직접적인 영향력을 가지고 있는지, 자신이 속한 기업이 얼마나 신속하게 고객 중심으로 조직의 구조를 변환할 수 있을 것인지 등을 잘 판단하여야 한다.

같은 산업 내에서도 각 기업들에 따라 입장이 다르며, 심지어 동일기업 내에서조차 각 부서에 따라 고객을 보는 시각이 다를 수 있다는 사실을 인정하는 개방적인 마인드를 가져야 CRM을 조직 내에 보다 현실적으로 접목시킬 수 있을 것이다.

2. 고객전략 패러다임의 변화

고객 중심이 되기 위해서는 고객전략이 필요하며, 이 고객전략에도 CRM의 등장 전후의 패러다임에 대한 변화를 발견할 수 있다.

CRM을 기반으로 하는 고객전략은 '고객가치'의 개념을 도입하였으며, 고객과의 대화를 중요시하고 있다. 즉 기존의 고객 세분화나 고객만족에서 한걸음 더 나아가 고객의 가치를 산정하고, 고객을 수익의 원천인 자산(asset)으로 간주하며, 기업과 고객간의 호혜적인 가치교환을 중요하게 여기고 있다. 고객은 더이상 거래의 표적이 아니라 관계(relationship)을 맺고 장기적인 파트너로서 서로의 관계를 최적화하는 데 전략의 초점을 두고 있다.

고객 생애가치, 고객 로열티 등은 이런 고객전략의 변화를 반영한 용어들이며, 기업은 고객의 니즈의 반영은 물론 고객의 매체 활용에 대한 행동변화, 예를 들어 모바일(mobile) 매체에 따른 고객의 행동변화 등까지도 적극적으로 수용하기 시작하였다.

3. '고객 중심' 사상의 구현

그렇다면 고객 중심의 기업이 되기 위해서 필요한 업무들은 무엇일까? 이에 대해서는 여러 가지 견해가 있을 수 있으나 전사 차원의 전략적인 측면에서 보면 다음과 같다.

- 고객정보 관리에 대한 조직적 참여도
- 고객이해를 끌어낼 수 있는 제수단의 활용 역량
- 고객과의 교감을 위한 상호작용(interaction)의 실행 역량

CRM에 있어 고객정보는 물과 공기와 같은 존재이다. 조직이 고객정보에 대한 중요성을 제대로 인식하지 못하거나 고객정보를 관리할 수 있는 역량이 없거나, 현장직원들이 고객과의 접촉시 고객정보를 얻어낼 수 있는 의지와 동기부여가 없거나, 기술적인 측면에서의 지원이 뒷받침되지 않는다면 그 기업은 고객 중심을 향해 전혀 나아갈 수 없다.

이러한 상황에서 CRM 관련자들이 고객을 단일관점(one customer view)에서 바라보거나 고객에 대한 실시간 서비스의 경험(real time customer experience)의 강조를 논하는 것은 마치 기본기도 안 된 권투 초보자가 곧바로 챔피언이 될 수 있다고 착각에 빠지는 것과 마찬가지일 것이다.

고객에 대한 이해를 위해서는 고객정보뿐 아니라 고객세분화, 고객 수익성, 고객 생애가치 등 고객전략과 관련된 실행수단의 운영과 그에 따른 분석역량이 필요하다. 하지만 현실적으로는 정보도 부족하고, 실행수단과 분석역량의 배양에도 많은 시간과 노력이 필요하다.

이때, 중요한 것은 가설을 세우고 일관성 있게 결과를 추진하려는 의지와 이슈의 발생시 창조적으로 문제를 해결하려는 태도이다.

예를 들면 고객의 소득정보는 고객세분화·고객가치 등에

중요한 정보이지만 그 수집과 갱신이 어려운 것이 현실이다. 이 경우 소득을 대신할 수 있는 변수를 가설을 통해 찾아나가며, 실제 테스트를 통해 그 변수의 정합성을 계속 높여나가려는 시도를 하는 것이 무엇보다도 중요하다.

고객 중심을 위한 세번째 필요요소는 고객과의 상호작용을 가능하게 하는 고객업무의 운영체제의 활성화로서 고객접점의 전방업무 부문(front-end)과 업무지원의 후방업무 부문(back-end)의 연계, 고객관리 프로세스의 최적화(optimization) 등이 그 대표적인 예이다.

여기서 중요한 포인트는 이런 운영체제가 원활히 움직여야 고객정보가 원활하게 흘러다니고, 고객에 대한 이해가 전채널에서 공유가 될 수 있으며, 자원의 낭비 없이 해당고객에게 적절한 가치를 제공할 수 있다.

이를 위해서는 전사차원의 업무 조정, 부서간의 협업, 직원의 직무조율 등 여러 업무가 수반되며, CRM 실무자는 이런 업무까지 관리하는 것을 염두에 두어야 한다.

1.3

귀사의 상황에 맞는 CRM의 운영

1. '상황'의 의미

배추를 절이고 양념을 하고 숙성시키는 등 김치를 담그는 기본적인 방법은 같아도 집집마다 김치맛이 다르듯, CRM도 각기 기업의 상황에 맞게 구축되고 운영되어야 한다. 금융기관의 CRM은 의료기관의 CRM과 현격한 차이가 있고, 같은 금융기관에 속하는 은행 · 카드 · 보험에서 구현되는 CRM은 각기 다른 특징이 있다.

이러한 업종간의 차이는 경영구조, 수익모델, 고객의 거래패턴, 고객의 중요성에 대한 인식 등의 차이에서 기인된다.

개별기업의 차원에서도 그 기업의 경영방침, 경쟁적 우위, 기업의 규모, CRM의 도입배경과 목적, CRM의 수용역량, CRM 발전단계상의 위치 등에 따라 그 상황은 천차만별이다.

금융업계와 이동통신업계는 최근 기존에 진행하던 CRM을 업그레이드시키려는 노력을 하는 반면, 대부분의 제조업체에서는 ERP(Enterprise Resource Planning) 등 업무운영 체제를 마무리하고, 그것과 연계하여 CRM 도입 프로젝트를 실행하고 있다.

동종업종의 기업이라 하더라도 어떤 기업은 영업체제를 공고히 한 후 영업자동화에 초점을 맞추어 CRM을 도입하지만 다른 기업은 영업 측면보다는 콜센터의 고객의 상담이나 불만을 효과적으로 처리하기 위해 CRM을 활용할 수 있다.

따라서 CRM 실무자는 자신의 기업이 CRM을 반드시 실행해야 하는 목적을 분명히 하고, 그 출발점의 좌표를 명확히 찍어

야 한다

'상황'의 의미는 CRM을 실행할 때도 적용된다. 이것은 CRM이 가야 할 이상과 현실 사이의 격차를 어떻게 받아들일 것인가라는 이슈와 직결된다. 기업이 한번의 CRM 프로젝트의 실행으로 '고객 중심'의 기업이 되기는 어려우며, 현실적으로 여전히 달성해야 할 단기적인 매출목표, 신상품 개발, 영업목표 등의 과제를 가지고 있다.

예를 들어 기업이 경쟁사와 시장점유율을 놓고 사투를 벌일 상황에 처하여 있다면 CRM의 주창은 경영층에게는 무의미하게 받아들여질 것이다.

따라서 CRM 실무자들은 CRM을 지향하지만 기업의 다른 경영요소들과 공존해야 하며, 그들을 설득하며 협조를 이끌어내야 하는 힘든 역할을 소화하여야 한다. 이런 측면에서 하나의 좋은 방법은 CRM의 목표를 전사 목표와 연계하여 구체적으로 설정하고, 작은 성공의 반복을 보여줌으로써 조직적인 신뢰를 얻는 것이다.

2. '상황'에 대한 대처방안

자신의 상황에 맞은 CRM을 구현하기 위해서는 다음의 예와 같이 다각도에서 CRM을 살펴보아야 한다.

- CRM의 구현 범위를 넓고 얕게 할 것인가, 혹은 좁고 깊게 가져가야 할 것인가?

- 여러 영역을 일시에 다룰 것인가, 아니면 점진적으로 하나씩 운영할 것인가?
- 운영 CRM보다 분석 CRM을 먼저 할 것인가, 아니면 그 반대로 할 것인가?
- CRM 전산은 자체로 개발할 것인가, 구입할 것인가, 또는 임대할 것인가?
- CRM을 전사 마케팅 전략과 연계하여 상의하달(top-down) 방식을 택할 것인가, 개별상품의 캠페인 테스트부터 시작하는 하의상달(bottom-up) 방식을 선택할 것인가?

CRM 실무자는 여러 가지 방안의 장·단점을 충분히 따져보고 의사결정을 하여야 하며, 이때에는 사전에 조직 내의 관련 부서나 담당자들에게 충분히 설명해야 한다.

본질적으로 모든 기업에 적합한 CRM(One size fits all)은 있을 수 없다. 각자가 스스로에 적합한 CRM을 구현해나가야 한다.

제1장 요점

- CRM은 경영상 마지막으로 남은 중요한 경쟁우위 요소이다.
- 그간 CRM의 실행은 많은 어려움을 겪었으나 향후에는 성공적인 전개가 지속적으로 이루어져야 한다.
- '고객 중심'의 사상은 조직 내에 올바르게 이해되고, 그 필요성이 공유되어 객관적으로 받아들여져야 한다.
- 모든 경우에 적용되는 CRM은 존재하지 않으며, 기업은 각자가 처해진 상황에 맞추어 스스로 CRM을 구현해야 한다.

제2장
CRM의 가치를 구체적으로 구현하라

Think Big and Act Small

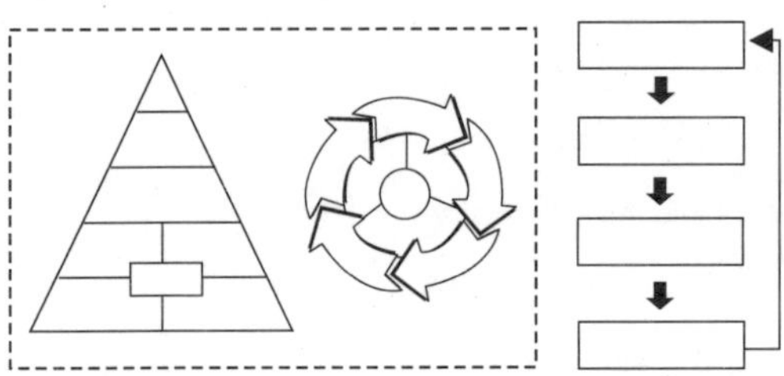

제2장

CRM의 가치를 구체적으로 구현하라

Think Big and Act Small

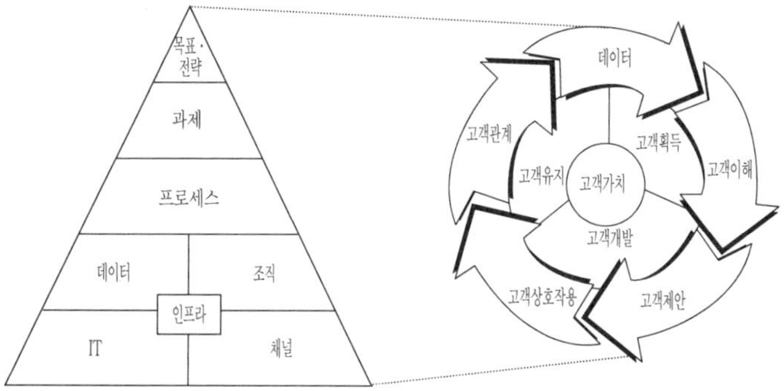

제2장에서는 CRM의 구현방법을 다루고자 한다. 한마디로 CRM의 구현은 비전은 크게 가지되 그 행동은 구체적이고 작은 규모로 지속적으로 해나가야 한다.

이를 설명하기 위해 이번 장에서는 CRM 프레임워크를 제시하고, 그에 따라 CRM의 목표와 전략, 과제, 프로세스, 인프라(데이터 · IT · 조직 · 채널)로 구성되는 'CRM 체제 구축'과 고객가치, 고객관리 전략, 고객정보, 고객이해, 고객제안, 고객 상호작용, 고객관계의 순환으로 이루어진 'CRM 활동운영'에 대한 업무를 하나씩 점검해나갈 것이다.

CRM에 대한 이론적인 무장과 현실적인 실행능력의 배양을 균형적으로 체득해나가는 것이 CRM을 일으켜세워서 다시 힘차게 걷게 만드는 지름길이 될 것이다.

2.1 전사전략과 CRM의 연계

CRM 프레임워크를 소개하기 전에 우리는 CRM과 전사전략, 마케팅, 고객관리간의 관계를 살펴보고, CRM과 관련된 업무들 간의 개념적 차이를 정리함으로써 CRM의 주변을 정돈할 필요가 있다.

1. 전사전략과 CRM

기업은 지속적으로 생존하고, 적정한 수익을 내기 위하여 경영전략을 수립하며 실천해나가고 있다. 업종에 따라 매출 및 비용구조와 그에 따른 수익모델이 다르며, 이에 따라 박리다매, 고가격, 저비용, 차별화 등의 자신에게 적합한 전사전략을 세우게 된다.

또한 경쟁우위 요소로서 업무 운영상의 우위(operation excellence), 제품 지배(product leadership)의 전략뿐만 아니라 고객친교(customer intimacy)라는 고객 중심의 전략이 채택되기도 한다.

이때 '고객', '고객 중심' 혹은 '고객 주도'라는 경영요소는 ① 직접적으로 전사전략의 하나의 요소로 취급될 수도 있고, ② 간접적으로 전사전략에 영향을 미칠 수 있다.

①의 경우의 대표적인 사례는 미국의 신용카드사인 캐피탈원(Capital One)으로서 금융업을 영위할 때 기존고객 및 잠재고객을 철저히 분석하여 고객 개개인에 맞는 제안을 할 수 있는

역량을 갖추는 것을 중요한 전사전략으로 간주하였다.

②의 경우는 미국의 항공사인 사우스웨스트 항공사(Southwest Airline)의 경우를 들 수가 있는데 부가 서비스가 제거된 기본적인 서비스만을 저렴한 가격으로 제공받고자 하는 고객의 새로운 수요를 발견한 후 비용절감과 저가격 정책을 중심으로 하여 대고객 서비스를 포함한 모든 전사활동들을 일관성 있게 변화시켜 운영해오고 있다.

CRM은 전사전략과 관련하여 대상고객의 선정, 고객이 추구하는 가치의 파악 및 제공, 고객과의 상호활동의 증진, 고객으로부터 정보의 피드백 등의 부문에서 기여할 수 있다.

미국의 카지노 회사인 해라(Harrah)사는 고객분석을 통해 자사에 수익이 되는 고객은 부자고객보다는 중산층 고객이며, 이들의 방문횟수를 늘리는 것이 주요한 전사전략임을 파악하고, 그에 따른 로열티 프로그램을 운영하여 성공을 거두었다.

또한 영국의 할인점 체인인 테스코(Tesco)사도 고객의 장바구니의 상품들을 지속적으로 분석함으로써 고객의 니즈와 행동을 이해하여 그들에게 꼭 필요한 가치를 제공함과 동시에 클럽 카드(Club Card)라는 매개체를 통하여 전사 차원에서 고객과 지속적이고 적절한 의사소통을 하여 결국은 영국의 소매업계를 리드해나가게 되었다.

이외에도 CRM은 교차판매 등을 통해서도 전사의 수익모델을 지원하는 역할을 하기도 한다. CRM 측면에서 기업의 가치제고에 대한 기여는 고객 수 증대, 고객당 매출 증대, 고객과의 거래기간 확대, 마케팅 비용 절감 등의 형태로 나타나며, 이렇듯 CRM과 전사전략은 서로 직·간접적으로 성공의 중요한 연결고리로서 연계되어 있다.

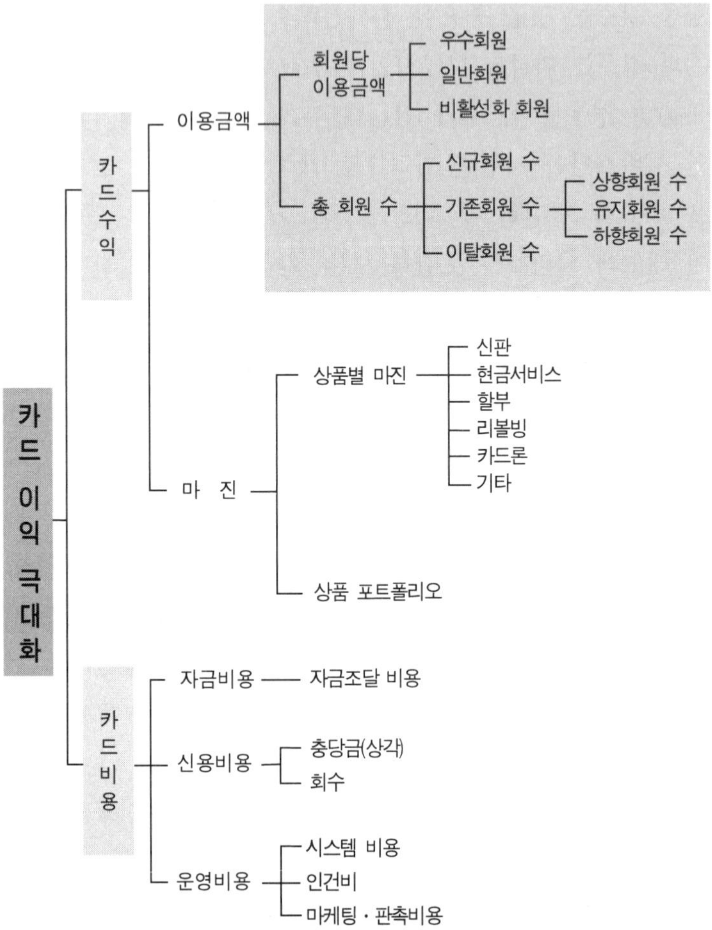

[그림 2-1] 신용카드업의 가치구조도

* 신용카드업의 경우 표시된 망 부분이 고객과 관련된 부분으로 전사전략과 관련되어 'CRM의 활용대상' 영역이다.

2. 마케팅과 CRM

마케팅은 생산자와 소비자 사이의 교환을 촉진하는 기능을 담당하는 경영요소로서 4P(Product, Price, Place, Promotion)를 조정하는 반면 CRM은 고객과의 장기적인 관계를 발전시켜 수익을 얻고자 하는 목적을 가지며, 고객의 획득·유지·개발의 사이클을 관리하고 있다.

또한 전통적인 마케팅이 전체 소비자를 대상으로 브랜드와 대중광고에 초점을 두고 있다면 CRM은 개별고객을 대상으로 분석을 통한 개별적 커뮤니케이션에 집중하는 차이가 있다.

그러나 마케팅과 CRM은 공히 고객의 니즈에 근거한 고객 세분화를 그 작업의 출발점으로 하는 공통점을 가지고 있다.

또한 마케팅이 시간적으로 먼저 생성되었고, CRM은 마케팅의 새로운 지류라 간주하며, 고객전략도 마케팅 커뮤니케이션 전략의 일부라고 생각하면 마케팅을 CRM보다 광의의 개념으로 볼 수 있다.

하지만 초기의 영업자동화나 콜센터 자동화의 기능 위주의 범주를 벗어나 전사적인 고객전략과 프로세스를 커버하는 최근의 CRM 영역에는 마케팅뿐 아니라 영업·서비스가 포함되어 전사적인 관점을 가지고 있다고 본다면 CRM의 범위가 더 넓게 해석될 수도 있다.

이렇듯 마케팅과 CRM은 서로가 다른 목적과 영역을 가지고 있으되 서로 병존할 수 있고, 동시에 보완할 수 있는 관계이다.

마케팅 전략과 CRM이 조화를 이룬 예는 미국의 은행인 웰스 파고(Wells Fargo) 은행의 교차판매에서 찾아볼 수 있다. 은행 비즈니스의 성장전략 중 교차판매(cross selling)는 그 중요성이 매우 크며, 그것은 상품의 추가적 판매의 측면이나 고객의 라이프사이클 관리상 수익창출의 큰 기회라고 간주되기 때문이다.

교차판매를 잘하기 위해서는 동종·이종간의 구색상품 제시능력, 직원의 적시적인 영업능력도 중요하지만 고객정보에 대한 관리능력과 고객분석을 통한 고객의 이해능력이 핵심역량이라 할 수 있으며, 이 두 요소는 모두 CRM의 중요한 범주에 속한다.

웰스 파고 은행은 우선 모든 채널에 있어서 고객·상품·판매정보 등 조직 내의 정보의 원활한 흐름이 교차판매상 중요한 요인이라 판단하고, 고객 중심의 데이터 통합작업을 시작하였다.

또한 각 부서의 교차판매 기회를 규명하고, 부서간의 정보의 공유원칙을 세우며, 교차판매의 영업절차를 표준화하고, 그에 따른 상품정보의 제공체제를 마련하였다.

이러한 정보의 인프라를 구축함과 동시에 고객의 가구당 상품 빛 채널 이용행농의 분석을 통하여 잠재고객군을 선정하고, 그 고객과의 접점에서 교차판매의 오퍼를 제안할 수 있도록 하였다. 단순히 교차판매 상품을 갖추고 영업채널을 통하여 목표와 인센티브를 할당하는 방법보다는 고객에 대한 정보와 이해를 적극 활용함으로써 웰스 파고 은행은 한 차원 높은 수준의 결과를 얻을 수 있었다.

3. 고객관리와 CRM

CRM 이전에도 고객관리(customer management)가 있었다. 그

렇다면 양자간의 차이점인 '관계(relationship)'라는 단어는 어떤 의미를 포함하고 있을까?

CRM 상 '관계'에는 '장기적인' '상호적인' '신뢰를 바탕으로 하는' 등의 뜻이 있으므로 전체적으로는 "기업과 고객, 서로간에 가치(value)를 주고받을 수 있는 장기적인 신뢰관계" 정도로 해석될 수 있다.

이러한 관계의 극명한 사례가 미국의 모터사이클 회사인 할리 데이비슨(Harley Davison)사의 경우이다. 분명히 판매되는 상품은 고급 모터사이클이지만 장기간에 걸쳐 형성된 고객과 고객간, 고객과 기업간의 정서적인 연대와 감성적인 결속관계는 이 회사를 유지시키는 원동력이 되고 있다.

따라서 고객관리가 접촉관리 · 사후관리 · 불만처리 등 영업관리의 목적이나 고객 포트폴리오 관리, 기념일 관리 등 소극적인 고객전술 및 고객응대의 특성이 있다면 CRM은 고객세분화를 통해 고객을 이해하여 고객과 기업에 상호 호혜적인 기회를 찾아내고, 최적의 오퍼를 제공하여 그로부터 고객가치를 획득하는 순환 사이클(closed loop : 폐쇄형 순환고리)을 어떻게 운영할 것인가를 중요시 여기는 특징이 있다.

4. CRM 관련 업무들

CRM은 그 광범위한 영역과 더불어 업무주체의 다양성으로 인하여 주변에 관련된 업무들과 가끔씩 의미상의 혼란을 일으키고 있다. 우선 이들을 CRM 관련 당사자별로 구분하자면 고객 이외에 종업원 · 파트너 · 공급자 등 주요한 CRM의 관리주체에 따라 ERM(Employee Relationship Management), PRM(Partner

Relationship Management), SCM(Supply Chain Management)의 업무가 있다.

또한 CRM과 관련된 기업의 후방업무(back-end) 지원과 관련된 업무로는 ERP(Enterprise Resource Planning)과 BPR(Business Process Reengineering) 등이 대표적이다. 또한 CRM의 프로세스 수립과 관련되어서는 BPM(Business Process Management), BRE(Business Rule Engine), BAM(Business Activity Monitoring), 6-시그마(sigma) 등 새로운 개념들이 존재한다.

CRM이 이들의 개념을 차용하기도 하고, 그 반대의 경우도 일어난다. 예를 들면 CRM은 기술의 발전에 따라 BRE 등을 활용하여 업무 프로세스 룰(rule)화를 강화하고 있으며, 반면에 서비스 품질과 프로세스의 효율성을 강조하는 6-시그마(sigma)의 경우 그 2단계 구현을 고객 중심으로 전개하여 CRM의 개념을 차용하고 있다.

CRM과 좀더 직접적인 연관이 있는 전방업무(front-end)와 관련된 업무로서는 CEM(Customer Experience Management), KM(Knowledge Management), BSC(Balanced Score Card) 등이 있는데 기업의 지식을 관리하는 KM은 CRM의 한 구성요소로서 영업점이나 콜센터 같은 현장에서 고객에 대한 이해를 실시간으로 지원하는 역할을 하고 있으며, BSC는 CRM의 기대효과를 재무수치뿐 아니라 고객·프로세스·학습 측면에서 나타낼 수 있다.

이 책에서 이들 업무들을 다룰 수는 없지만 CRM 실무자는 이들과 CRM간의 연계성과 그에 따른 시사점을 숙지해야 할 필요가 있다.

2.2 CRM 프레임워크의 정립

1. CRM의 정의

시스템적인 측면에서 살펴보면 CRM은 1990년대 중반부터 태동되어 진화가 되어왔다. 초기에는 주로 콜센터의 업무자동화나 영업 프로세스 자동화 등 서비스와 영업의 개별기능의 개선 및 효율화에 그 초점이 맞추어져 있었다. 그 후 CRM은 캠페인 등 마케팅 기능의 자동화가 추가되고, 이것과 기존의 영업과 서비스 기능과의 연계가 이루어졌다.

한편으로는 데이터 마트(data mart) 등을 활용한 고객분석과 관련된 CRM 영역이 별도로 진행되어오다가 2000년대 초반에 이르러 이런 분석기능이 기존의 업무기능들과 통합되기 시작하였다. 그 후 채널에서의 일관적인 고객경험이 중시되었으며, 최근에는 전사적이고 전략적인 CRM 구현을 표방하게 되었다.

시스템적인 측면 이외 CRM은 직접 마케팅(direct marketing), 데이터베이스 마케팅(database marketing), 고객만족(customer satisfaction), 고객정보의 관리와 통합 등에서 그 유래를 찾아볼 수가 있다. 이때 각각의 요소와 CRM간에는 차이점을 가지고 있으나 부분적으로는 공통적인 특징들을 포함하고 있다.

데이터베이스 마케팅의 경우 마케팅 부서에 국한하여 개별적인 마케팅 프로그램의 효율성을 향상시키는 차이는 있지만 고객 개인정보와 거래정보 등을 분석하는 공통점을 가지고 있다.

또한 고객만족의 경우는 고객세분화를 감안하지 않고, 대고객 서비스의 측정에만 국한되었다는 차이점은 있지만 고객유지와 고객 로열티를 취급하는 공통점을 지니고 있다.

앞에서 살펴본 바와 같이 CRM의 정의는 전략, 프로세스, IT 인프라, 커뮤니케이션 등 여러 관점에서 내려질 수 있다. 즉 CRM은 고객가치나 고객관계를 다루는 일종의 고객 중심 전략, 고객과 관련된 영업, 마케팅, 서비스 업무 프로세스에 대한 통합, 데이터 관리 툴과 CRM 업무기능의 자동화를 구현한 IT 인프라, 고객과의 새로운 1 : 1 맞춤 커뮤니케이션 방식 등의 차원에서 다양하게 정의될 수 있다.

그 중 몇 가지 정의를 소개하기로 한다.

- 세분화된 고객군을 조직화하고 고객을 만족시키는 행동을 강화하고, 고객 중심의 프로세스를 실행함으로써 수익·매출과 고객만족을 극대화하는 경영전략(Gartner 그룹)
- 소비자의 가치를 기술하거나 증대시킬 수 있으며, 최고의 고객으로 하여금 계속 구매, 즉 충성하도록 유도할 수 있는 기반구조(Jill Dyche)
- 통상 개별적인 차원에서 고객과의 향상된 관계를 통해 고객 기반을 증대시키는 최종 목표를 가진 경영의사 결정사항(Don Peppers and Martha Rogers)
- 개별고객들이 중요시하는 가치를 이해하고, 이를 바탕으로 고객이 진정으로 원하는 혜택을 제공함으로써 결국 고객이 기업과 거래하도록 만드는 일련의 프로세스(Frederick Newell)

- 개별 임직원과 마케팅 채널 종사자, 그리고 고객 모두에게 기업에 대한 긍정적 성향 또는 선호도를 형성함으로써, 그 결과 고객 보유율과 경영 성과를 모두 향상시키는 경영전략(Carlson Marketing Group)

〈표 2-1〉 CRM에 대한 다양한 관점(예시)

관 점	요 소	CRM 적용 예시
전 략	고 객	고객가치, 타깃팅, 고객 서비스 등
	상 품	상품 포지셔닝, 제안의 고객별 맞춤화 등
	채 널	채널 통합, 채널 최적화 등
기 능	마케팅	고객반응의 제고로 인한 수익 창출
	영 업	영업관리를 통한 영업 효율성 제고
	서비스	고객만족을 활용한 수익 창출
I T	분 석	고객 데이터의 분석을 통한 고객이해
	운 영	보다 적절한 제안 제공
	협 업	다채널 상 고객접점의 일관된 서비스 제공
프로세스	정보 → 활동 → 커뮤니케이션 ←프로세스/비지니스 룰 관리→ ←데이터 관리→	
효 과	대고객 활동 → 고객행동 반응 → 재무 효과 → 고객 수익성 → 기업 이익	

요약하면 CRM 정의는 전략적인 측면과 고객에게 어떤 가치를 제공할 것인가에 그 초점이 맞추어져야 하며, CRM 실무자는 CRM의 범주에 대해 총체적인 이해를 가지는 것이 중요하다.

2. CRM 프레임워크

앞에서 살펴본 CRM의 범주에 의거하여 CRM의 업무영역과 수행업무를 명확히 정하기 위해서는 CRM 프레임워크의 수립이 필요하다. 이는 CRM 업무에 대한 조직 내의 혼돈을 막을 뿐만 아니라 순차적으로 CRM을 수행함에 도움이 될 것이다. CRM 프레임워크는 [그림 2-2]에서와 같이 크게 3부분으로 구성되며, 그 내용은 다음과 같다.

- CRM의 구조를 설계하고 구축하는 'CRM 체제 구축'
- CRM 업무과제를 도출하고 개발하는 'CRM 활동운영'
- CRM을 현실에 접목하고 안착시키는 'CRM 현장실행'

다시 말하면 'CRM 체제 구축'은 CRM을 할 수 있는 기반을 마련하는 영역이며, 'CRM 활동운영'은 CRM 활동들을 기획하고 원활하게 가동되게 하는 영역이고, 'CRM 현장실행'은 CRM 활동들을 현장에서 잘 수용하여 실행하고 구체적인 결과를 창출하는 영역이다.

'CRM 활동운영'은 'CRM 체제 구축'의 구성요소들을 역동적으로 입체화시킨 것으로서 이 두 부분은 묶어서 2, 3절에서 다루기로 한다.

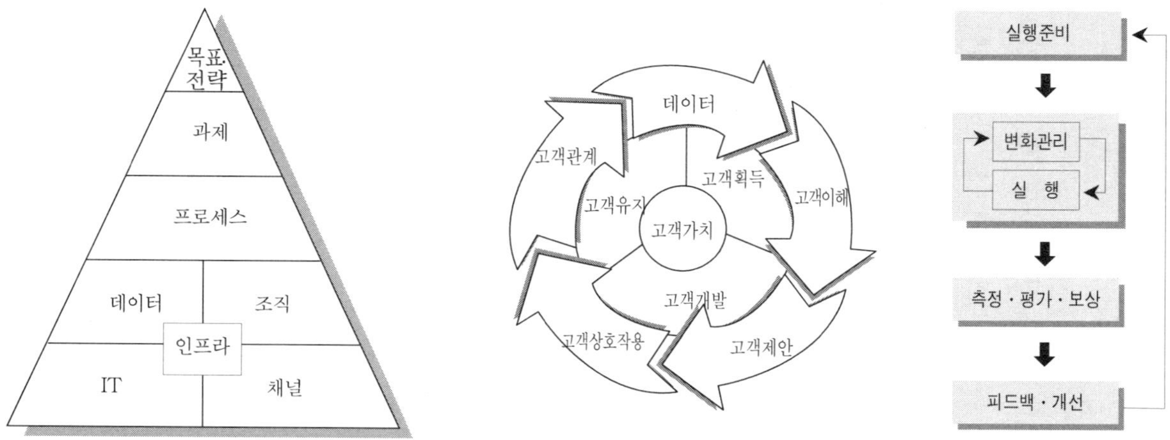

(a) CRM 체제 구축

(b) CRM 활동운영

(c) CRM 현장실행

[그림 2-2] CRM 프레임워크(framework)

'CRM 현장실행'은 'CRM 체제 구축'과 'CRM 활동운영' 전체가 조직적인 수용과 변화를 통해 실현되는 것으로서 제3장에서 별도로 설명하겠다.

우리는 CRM 프레임워크 상의 부분적인 이해만으로 CRM의 전체를 알고 있는 듯한 착각에 빠지기도 한다. 예를 들어 많은 경우 CRM 실무자들은 캠페인 운영으로 대표되는 'CRM 활동운영'에 대해서는 잘 알고 있으나 'CRM 현장실행'에 관련하여 그 이해와 경험이 부족한 듯하다. 또한 'CRM 체제 구축'에서도 IT에 대한 이해보다 전략이나 프로세스에 대한 관심과 이해가 상대적으로 부족하며, 이는 전략이나 프로세스의 수립이 결과적으로는 IT의 구축요건이 됨을 생각할 때 아이러니하다고 말할 수 있다.

CRM 프레임워크는 이 책의 근간이며, CRM 전체를 조감하는 관점에서 CRM 프레임워크의 내용을 차례로 살펴보기로 한다.

3. CRM 체제 구축

CRM 체제 구축은 크게 목표 · 전략 수립, 과제 도출, 프로세스 정립, 인프라 구축의 4부분으로 이루어진다.

그 중 인프라 구축은 다시 데이터 · IT · 조직 · 채널로 구성되어 있다. 명확한 CRM 목표와 연계되어 전략 · 과제 · 프로세스가 설정되고, 이에 의해 각 인프라가 결정되는 구조를 이루고 있다.

'CRM 목표 수립'은 전사전략과의 연계와 함께 CRM 발전단계상 진행을 어떻게 할 것인가 등을 주관심사로 삼으며, 'CRM 전략 수립'은 고객가치를 중심으로 고객을 획득·개발·유지하며, 궁극적으로 고객관계를 어떻게 가져갈 것인가를 주로 다루고 있다.

'CRM 목표와 전략의 수립'에 대해서는 〈2.3〉절에서 살펴볼 예정이며, 이때 'CRM 활동운영' 상의 구성요소인 '고객이해' '고객제안' '고객관계' 등이 함께 논의될 것이다. 또한 〈2.3〉절에서는 고객 로열티, 고객 세분화, 고객분석 등 세부업무도 다루어진다.

그 다음 단계인 'CRM 과제 도출'은 〈2.4〉절에서 기술되는데 CRM 과제의 유형·내용·도출방안 등이 그 대표적인 주제들이다.

'CRM 과제 도출'은 CRM 전략의 세부 실행항목(item)들을 구체화하는 작업으로서 마케팅·영업·서비스의 영역에서 의미있는 과제들을 발굴하여 캠페인·이벤트·알고리즘 등의 형식으로 변환하여 실행하고, 반응을 측정하고, 개선시키는 과정을 의미한다. 따라서 이 업무는 'CRM 활동운영'과 밀접한 관련이 있다.

'CRM 프로세스 정립'은 CRM 전략과 과제의 내용을 실행하기 위한 업무를 절차화하는 과정으로서 과거에는 프로세스 운영의 표준화·자동화·효율화 등에 초점이 맞추어졌으나 점차 실행업무의 시나리오 및 룰(rule)화, 최적화 등으로 그 범위가 확장되고 있다.

특히 최근에는 CRM 업무간의 프로세스 통합화 및 상호적인 활성화가 중요하게 여겨지고 있으며, 이런 CRM 프로세스의 세부적인 내용들은 〈2.5〉절에서 다루어질 것이다.

CRM 인프라는 〈2.6〉절에서 차례로 소개가 될 것이다. 그 중 데이터는 CRM 인프라 가운데 가장 중요한 구성요소로 데이터의 종류·업무유형·관리차원 등이 설명되며, 'CRM 활동운영' 차원에서 고객이해의 출발점으로서 데이터가 가지는 의미도 함께 살펴볼 것이다.

IT와 관련하여서는 CRM IT 아키텍처, 데이터베이스, 응용 프로그램 등이 다루어질 것이다.

조직은 조직 구성과 인력 역량으로 나뉘어 조직형태, CRM 역량, 구성원 등이 설명될 것이다. 채널은 일반적으로 CRM 인프라의 범주에는 속하지 않지만 CRM 상 그 중요성에 따라 이 책에서는 이곳에서 인프라로 취급을 하고 있으며, 채널관리·채널통합 등이 그 주제들이다.

또한 채널에서는 'CRM 활동운영'과 관련하여 '고객 상호작용(interaction)'이 별도로 다루어질 것이다.

4. CRM 활동운영

전술한 바와 같이 'CRM 활동운영'은 CRM의 내용을 지속적으로 가동시키는 부문(CRM in Action이나 CRM at Work으로 표현하기도 함)으로서 고객가치를 중심으로 고객획득·고객유지·고객개발의 'CRM 전략 사이클'이 운영되며, 이때 그 구체적인 운영방안으로 고객정보, 고객이해, 고객제안, 고객 상호작용, 고객관계의 'CRM 활동 사이클'이 활용되는 구조를 가지고 있다. 그 활동의 구체적인 내용은 'CRM 체제 구축'에서 도출된 CRM 과제가 적용된다.

따라서 'CRM 활동운영'은 'CRM 체제 구축'의 구성요소들을 역동적으로 움직이는 역할을 하고 있음을 알 수 있다. 'CRM 활동운영'에 관련해서는 〈2.7〉절을 통하여 CRM 동인의 유지 등이 주로 다루어진다.

〈2.8〉절에서는 'CRM 현장실행'에 들어가기 전에 'CRM 체제구축'과 'CRM 활동운영'을 마무리하는 의미에서 CRM 로드맵(roadmap)의 수립을 다룰 것인데 CRM 발전단계에 따라 자사의 위치를 정확히 파악하고, CRM 프레임워크에 의거해 자사 CRM의 미래를 실질적으로 설계함을 그 목적으로 하고 있다.

5. CRM 현장실행

'CRM 현장실행'은 CRM 프레임워크의 마지막 단계로서 난이도가 가장 높은 부문이다. 'CRM 현장실행'의 업무는 우선 앞서 만들어진 CRM 실행항목들이 현장에서 잘 구현될 수 있도록 실행계획을 세우고, 직원교육 등을 포함한 변화관리를 하는 것으로 이루어진다.

그 후 실제로 CRM 실행을 한 후 실행의 과정이나 결과의 측정과 평가와 그에 따른 보상을 하며, 전과정에 대한 피드백을 정리하는 사이클로 구성되어 있다. 그 업무구조는 'Plan-Do-See'의 형식으로 비교적 간단하지만 많은 CRM의 실패가 이 부문에 기인한다

〈3.1〉절에서는 CRM 실행을 하기 위한 사전점검 사항 위주로 CRM 현장 실행계획이 다루어지며, 〈3.2〉절에서는 변화관리와 실행의 구체적인 모습이 제시될 예정이다.

과정의 모니터링과 결과의 측정, 성과 평가와 보상은 〈3.3〉절에서 언급되며 〈3.4〉절은 CRM을 통한 학습과 발견과 그에

따른 피드백을 다룰 예정이다. 〈3.5〉절은 CRM에 대해 현존하는 이슈(issue)와 향후 예상되는 경향 등을 정리할 예정이다.

6. CRM 프레임워크의 운영

지금까지 CRM 프레임워크를 전반적으로 조감하며, 앞으로 우리가 이 책에서 다루어야 할 주제들을 살펴보았다. 이런 CRM 프레임워크의 제시는 그 자체가 CRM에 대한 총체적인 접근의 필요성을 강조하며, CRM 구성요소, 즉 CRM 체제・운영・실행간의 연계성을 주장하고 있다.

CRM 실무자들은 CRM 프레임워크 상에 자신의 전문적인 영역과 역할을 대입하여서 여타 업무와 자신의 업무와의 연관성을 정확히 이해하여야 한다.

또한 조직의 전사전략이나 CRM 발전단계에 따라 CRM 프레임워크의 범위는 가변적인 것이며, 그에 따라 전략・과제・프로세스・인프라는 물론 현장에 대한 변화도 영향을 받게 될 것이다.

따라서 CRM 실무자들은 주변의 상황을 점검하고 예측함으로써 보다 탄력적인 CRM 프레임워크를 운영할 수 있을 것이다.

2.3 CRM 목표와 전략의 구체화

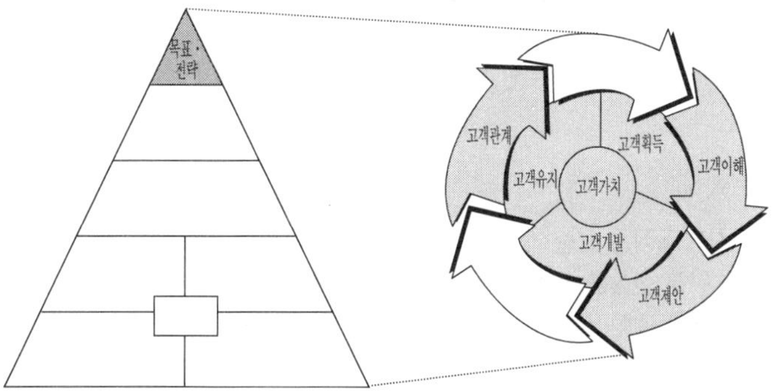

CRM 목표와 전략은 CRM의 출발점이자 CRM의 향후 구현범위를 결정하는 중요한 역할을 한다. 즉 CRM 목표와 전략의 범위의 작은 폭의 변동에 따라 그 뒤에서 이루어지는 비즈니스 요건과 이행활동의 폭은 크게 영향을 받게 되므로 초반의 CRM 목표와 전략의 수립은 명확하게 이루어져야 한다.

1. CRM 목표

'CRM의 최종목표(objective)'는 고객과의 장기적인 관계를 통한 고객가치의 극대화로 요약될 수 있으며, '고객가치의 증대'는 고객으로부터 매출(revenue)을 증대시키거나 비용(cost)을 절감함으로써 이루어진다. 이때 매출을 증대시키는 방법으로 우량 신규고객을 지속적으로 추가 획득하거나 기존의 우수고객을 잘 유지하거나, 또는 고객당 매출을 상향 개선시키는 방법 등이 있다.

비용절감을 위해서는 고객 서비스 비용, 영업 비용, 마케팅 비용 등을 줄이거나 효율적으로 쓰면 될 것이다.

특정기간이나 상황에 따른 'CRM의 실행목표'는 앞에서 언급한 가치구조에 의거하여 구체적으로 표현되어야 한다.

"우리 조직은 올해 전사적으로 30%의 매출신장 목표를 설정하였는데 이를 위해 신상품 개발과 브랜드(brand) 강화, CRM 활동 등의 전사전략을 수행할 예정이다. CRM 부문에서는 기존 우수고객을 대상으로 매출을 30% 이상 신장시킬 CRM 목표를 세웠으며, 그 실행전략으로 교차판매를 선택하여 고객당 핵심상품 소유율을 2.5개에서 3개로 늘릴 예정이다. 이 지표를 달성하기 위해서 고객 수익성을 기준으로 우수고객을 선정하고, 그들이 소지한 상품을 개인별로 분석하여……."

라는 예시에서와 같이 CRM 목표가 명확하여야 CRM의 역할이 조직 내에서 정확히 공유될 수 있으며, 수행해야 할 CRM 세부 업무의 범위가 뚜렷해진다.

2. CRM 전략

CRM의 전략(strategy)은 CRM 목표를 달성하는 방안의 의미를 가지며, 그 기본적인 형식은 고객획득(acquisition), 고객개발(development), 고객유지(retention)의 고객관리 사이클(이하 ADR)을 들 수 있다.

(1) 고객획득

고객획득은 고객관계의 첫 단계로서 포지셔닝 · 인지도 · 상품 · 가격 등 제 마케팅 요소를 활용하여 수익성 있고 잠재력 있는 신규고객을 찾아내어 고객화시키고 관계를 시작하는 단계로서 타깃팅이 주요 수단이다.

이때 가장 수익성 있는 고객에 대한 선정기준의 설정과 고객 획득시 그 효과성과 효율성이 중요하다.

(2) 고객개발

고객과의 관계가 확장 · 발전됨에 따라 고객 라이프사이클(customer lifecycle)에 맞추어 새로운 추가 영업기회를 제시하거나 기존상품의 이용증대를 통하여 고객가치를 높이는 단계로서 그 주요 수단으로는 교차판매 · 업셀링(up-selling) 등이 있다.

(3) 고객유지

고객 서비스의 향상과 적시의 제안을 제공함으로써 현재의 우량고객이나 잠재 우량고객과의 우호적인 관계를 공고히 하여 고객의 충성(loyalty)을 끌어내고, 이를 장기적으로 지속하려는 단계로서 우수고객 유지, 고객이탈 방지, 윈백(win-back) 등의 수단이 있다.

ADR에서 주목해야 할 사실은 각 구성요소간의 연관성과 최적화이다. 즉 처음부터 좋은 고객을 획득하면 그만큼 고객개발과 고객유지가 용이해질 것이며, 우량고객의 특성을 잘 이해할수록 목표고객의 프로파일이 더욱 명확해진다.

또한 CRM 전략 수립시 고객획득·고객개발·고객유지간의 전략적 비중을 어떤 비율로 가져갈 것인가 하는 것도 중요한 사안이다.

또다른 CRM 전략의 형식으로서는 고객식별(identification), 고객차별화(differentiation), 고객 상호작용(interaction), 고객 맞춤화(customization)의 사이클(이하 IDIC)이 있는데, 이는 페퍼(Don Pepper)와 로저스(Martha Rogers)에 의하여 제시되었다. ADR과 다른 점은 1 : 1 마케팅 개념이 가미되었으며, 고객관계의 중요성이 좀더 부각되고 있다.

3. 고객가치

고객가치(value)는 CRM 목표와 CRM 전략의 근거이며, 고객전략 사이클과 고객활동 사이클의 중심에 위치한다. 고객가치의 대표적인 예는 고객의 수익성(profitability), 고객 생애가치(CLV : Customer Lifetime Value) 등이 있다.

고객가치는 고객 중심 전략 수립을 가능하게 해준 개념으로서 중요한 의미를 가진다. 즉 고객가치의 도입으로 고객획득 비용의 절감, 고객당 마진의 개선, 고객 거래기간의 확장 등 좀더 구체적인 CRM 전략을 수립할 수 있다.

고객가치는 고객이 기업에 기여하는 가치로서 기업이 고객에게 제공하는 가치와 대응되는 개념으로 상호간 지속적인 관계에 의해 영향을 받게 된다. 이는 고객에 따라 고객가치의 정도가 각기 다르며, 기업은 고객가치가 높은 고객을 상대적으로 우대하여 차별화한다는 기본적인 가정을 내포하고 있다.

이 가정은 앞으로 살펴볼 고객세분화와 고객제안과 연결하여 고객의 행동변화를 유도할 때 고객에 대한 가치제안(value proposition)의 수립에 활용이 된다. 즉 고객의 가치에 대한 판단기준의 설정을 통하여 특정고객에게 제공하려는 가치의 수준과 정도를 결정하는 고객제안 전략의 수립이 가능하게 된다.

최근 일부 기업에서는 개별고객의 가치의 합산을 고객자산으로 간주하고, 여타 재무적인 자산과 마찬가지로 기업의 중요한 자산으로 취급하려는 시도를 보이고 있다.

그러나 고객가치는 미래가치의 예측과 계산의 복잡성으로 인하여 산정상 현실적인 어려움이 있다는 단점을 가지고 있으나 이를 극복하기 위하여 RFM(Recency, Frequency, Monetary value) 점수 등 단순화된 형태로 변환된 고객가치가 대안적으로 사용되고 있다.

4. 고객이해

CRM 목표와 전략이 정해지면 그것을 달성하려는 구체적인 활동이 필요하다. 도출된 전략과제에 따라 필요한 데이터를 모으고, 이를 분석하여 고객가치를 개선시킬 고객행동을 알아낸다. 그 후 고객제안을 만들고, 이를 특정 고객접점에서 특정 형식으로 전달하며, 고객과의 대화와 관계구축의 강화를 도모한다.

이러한 일련의 활동이 'CRM 활동 사이클'이며, 이 장에서는 우선 고객이해 · 고객제안 · 고객관계와 그에 수반되는 업무들을 살펴보기로 한다.

CRM을 구현하기 위해서는 고객을 알아야 하며, 이를 위해서는 우선 고객에 대한 데이터가 필요하다. 여러 원천에서 발생되는 고객 데이터를 잘 정리하여 저장하고 효과적인 고객이해가 이루어질 수 있게 하는 역량(예를 들어, 데이터의 접근성 · 적시성 · 정합성 등)은 기업의 중요한 경쟁력 중 하나이며, 데이터의 전반적인 관리에 대해서는 〈2.6〉절에서 자세히 다룰 예정이다.

고객이해(insight)의 단계에서는 고객의 니즈와 행동을 분석함으로써 고객가치를 증대시킬 수 있는 동인을 찾는다. 이때 고객에 대한 분석 자체도 중요하지만 그 활용이 매우 중요하다.

고객이해에 대한 활용은 고객분석의 결과로부터 시사점을 끌어내고, 그것을 현실에 적용하여 고객에 대한 새로운 기회를 확보하는 것이다. 그 활용의 대표적인 예는 고객 수익성 분석, 고객가치 산출, 고객세분화, 상품개발, 서비스 레벨 조정, 가격책정 등이 있다. 따라서 고객이해와 관련하여서는 고객을 알고자 하는 관점, 주제, 가설의 수립과 이에 대한 지속적인 검증작업이 중요하다.

이는 항시 가변적인 고객의 니즈와 행동의 변화를 감안하고, 기업의 CRM 활동에 대한 고객의 반응을 차후의 분석작업에 반영하여 고객이해의 정확성을 개선할 것이다.

고객이해를 위해 고객분석과 고객세분화에 대해 알아보기로 한다.

(1) 고객분석

고객분석(analysis)은 CRM의 핵심역량 중의 하나로서, 데이터(data)로부터 정보(information)를, 정보로부터 지식(knowledge)을 이끌어내어 궁극적으로는 고객에 대한 이해를 넓히고, 고객과 관련된 의사결정을 용이하게 하는 작업이다. 즉 고객분석은 방대한 데이터를 처리하여 고객이나 고객의 행동을 분류·요약·추정·예측하여 CRM 활동 사이클 전반을 지원하고 있다.

따라서 고객분석의 용도는 CRM 전략의 수립을 지원하거나 CRM 활동의 모니터링을 수행하고, CRM 결과에 대한 성과 평가를 하는 데 쓰인다.

고객분석의 대상은 고객의 구매상품과 구매빈도, 구매의 의사결정 과정, 구매이유, 구매방법, 구매 후 행동 등이 있다.

또한 고객분석의 유형으로는 고객의 속성을 설명하는 프로파일링(profiling), 고객 수익성의 측정, 동질적인 고객군을 구분하는 세그멘팅(segmenting), 고객의 행동을 예측하는 모델링(modeling), 고객을 일정기준을 이용해서 등급화하는 점수화(scoring) 등이 있고, 이를 실현하기 위해서는 통계적 기법과 마이닝(mining) 툴을 사용하여야 한다.

고객분석의 방법은 다음과 같다.

① OLAP(On-Line Analysis Processing)와 같이 필요한 분석작업을 미리 정형화된 포맷(format)로 정한 후 사용자가 간단한 조회로 그 결과를 검색(query)하는 방법

② 신경망 분석, 디시즌 트리(decision tree) 등과 같은 고객 마이닝 툴(mining tool)을 통해 분석 전문가가 예측 모델링을 하는 방법

OLAP는 마케터가 마케팅 가설을 세우거나 현장에서 고객의 이해를 신속히 하는 경우에 유용하며, MIS 등 내부 리포팅과

연계하여 활용되고 있는 반면, 마이닝은 우수고객의 식별과 속성 파악, 고객행동 예측과 고객점수 산정 등 고객과 관련된 문제 해결과 기회 창출에 직접적으로 활용되고 있다.

고객분석시에는 적절한 분석기법을 사용하는 것도 중요하지만 명확한 이슈 파악을 통해 분석의 목표와 주제를 정하고, 그에 따른 가설을 도출하는 것이 무엇보다 중요하다.

CRM이 지속적으로 고객을 이해하는 과정임을 감안할 때 고객에 대한 가설을 CRM 실행을 통해 입증하고, 실제 현상과의 차이점을 교정하여 재가설을 세우는 과정은 고객분석의 주요한 근간이라 할 수 있다. 많은 경우 분석작업이 단순히 일회성 분석에 끝나거나 여타 업무와 연계가 되지 않는 경우가 있는데, 이는 최초의 목적이 불분명하거나 사후에 지속적으로 분석작업을 관리하지 않기 때문이며, 분석의 본질적인 취지를 이해하지 못한 까닭이다.

고객분석 업무는 분석작업 자체보다 분석을 위해 준비해야 하는 작업에 더 많은 노력과 시간이 소요된다. 즉 분석 가설이 세워지면 해당변수를 찾기 위해 데이터의 원천을 알아내야 하고, 여러 시스템 상 산재한 고객 데이터를 검토하여 적합성과 품질을 점검해야 한다.

그리고 분석이 용이한 상태로 데이터의 포멧을 전환하고, 데이터를 저장할 장소를 마련하고, 분석작업할 때 샘플링의 여부를 따져보아야 한다.

따라서 CRM 실무자는 분석에 앞서 고객 데이터에 대한 해박한 지식과 분석작업의 절차에 대한 충분한 이해를 가지고 있어야 한다.

이외에도 원활한 고객분석의 진행을 위해서는 별도의 전담팀이 존재하여야 하며, 역량있는 분석가가 분석팀원들의 업무를 총괄하는 관리자의 역할을 수행하여야 한다. 그것은 마케터가 도출한 CRM 과제와 분석가가 수행한 분석업무간의 원활한 조정이 이루어져야 하기 때문이다.

고객분석 사례 ················▶

"단골집만 쏙쏙 뽑아내 할인혜택"

카드사, 놀라운 '족집게 마케팅'

"마포구 서교동 ○○갈비에서 카드 결제시 10% 할인되는 쿠폰을 드려요."

"이대 앞 ○○헤어숍에서 아침 퍼머 때 카드를 사용하면 20% 할인해 드립니다."

카드사에서 보낸 메일이다. 앗, 그런데 신기하다. 모두 내 단골집들 아닌가? 어떻게 카드사가 내 쇼핑 리스트를 속속들이 잘 알고 있을까?

이유는 카드사들이 고객의 카드사용 정보를 분석, 고객의 성향을 손바닥 들여다보듯 하고 있기 때문이다. 이른바 '고객관계 마케팅(CRM)'이다.

비씨카드의 경우, 고객정보를 효과적으로 분석하기 위해 지난달 지리정보 시스템까지 도입했다. 고객이 실제 쇼핑하는 동선(動線)을 전자지도상으로 파악, 집은 일산이지만 주로 종로에서 영화를 보는 회원에게는 종로 극장가 할일쿠폰을, 남성에게는 화장품 행사 안내장을 발송한다.

또 고객집 부근 1km 반경 안의 가맹점의 정보를 함께 제공하고 있다. 이른바 '골목 마케팅'이다. 예전에는 서울 강남구 거주 고객에게 강남구 전체의 식당정보를 보내는 수준이었는데 크게 진보한 것이다. 비씨카드 관계자는 "지난달 모 외식업체와 손잡고 '골목 마케팅' 을 실시한 결과 매출이 전월대비 80%까지 증가했다"고 말했다.

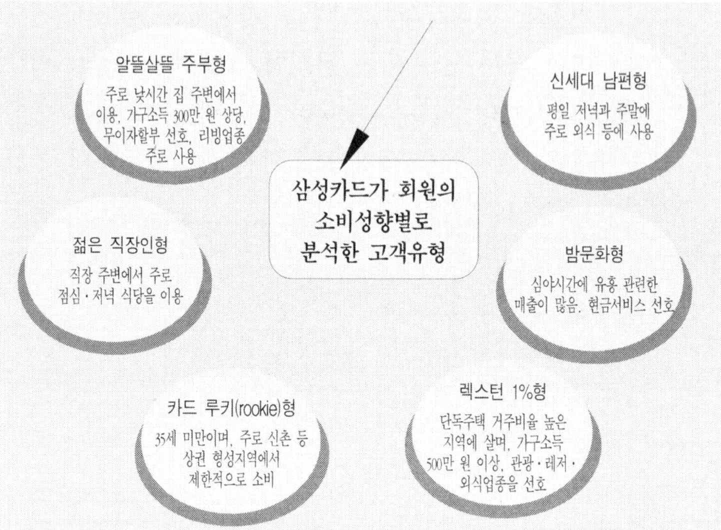

삼성카드도 고객을 소비성향에 따라 '신세대 남편형', '알뜰살뜰 주부형' '젊은 직장인형' 등 총 2,900개의 집단으로 나누어 집단별로 맞춤 마케팅을 펼치고 있다. 예컨대 주말 저녁에 가족과 외식이 잦은 '신세대 남편형'에게는 집 근처 패밀리 레스토랑 할인정보와 놀이동산 할인쿠폰을 보내주는 식이다. 고객을 바늘처럼 세밀하게 관리한다 해서 '바늘 마케팅'으로 불린다.

신용카드사들이 이 같은 맞춤 마케팅을 할 수 있는 것은 카드사용 명세서만 보면 고객이 언제 어디서 어떤 돈을 썼느냐를 한눈에 볼 수 있기 때문이다. 더구나 한국은 1인당 3.5장의 카드를 소지하는 세계 최고의 카드 사용국인 만큼 카드사들의 경쟁이 치열해 서비스 수준이 높아졌다는 분석이다.

비자카드 정성빈 이사는 "한국의 카드 마케팅은 세계 최고 수준"이라며 "국제회의에 참가하면 해외 카드사들이 탄성을 떠뜨리며 벤치마킹하려 한다"고 전했다.

하지만 고객 입장에서는 프라이버시가 침해되지는 않을까 불안하다는 반응도 나온다. 신용카드를 4장 소지한 김인경(여·29)씨는

"내가 어디를 가고, 먹고, 쓰는지 카드사가 모조리 알아서 분석한다는 것이 섬뜩하다"고 말했다. 물론 신용카드업계에서는 "고객정보는 절대 외부에 유출하지 않으며, 서비스 제공을 위한 분석자료로만 활용된다"고 해명한다.

『조선일보』(2005.6.1), 신지은 기자

(2) 고객세분화

고객세분화(segmentation)는 고객을 구분하는 기준을 정하고, 그에 따라 전체 고객을 여러 개의 동질적인 고객군으로 나누는 작업을 의미하며, 마케팅뿐 아니라 CRM 상에서도 중요한 위치를 점하고 있다.

고객세분화를 활용하면 고객에 대한 이해가 명확해지며, 이에 따라 정확한 CRM 활동을 함으로써 고객반응률, 고객당 매출, 고객 유지율의 증대를 통한 매출증대 · 비용절감 · 품질개선 등의 기대효과를 볼 수 있다.

예를 들면 고객유지 전략을 수립할 때에 고객을 고객 수익성과 고객 로열티, 2가지 기준으로 구분하여 고객 수익성이 높지만 고객 로열티가 낮은 고객과, 고객 수익성도 높고 고객 로열티도 높은 고객 등으로 고객을 4고객군으로 구분할 수 있다. 그 후 각 고객군별로 기대효과와 성공 가능성을 파악하고, 가장 가능성이 높은 고객군에게 집중하거나 각 고객군의 특성에 맞는 CRM 활동을 수행할 수 있다.

고객세분화는 일반적으로 고객 데이터 유형에 따라 고객속성[(인구통계, 라이프 스테이지(life stage) 등)], 고객행동(거래이력 · 구매형태 등), 고객가치(수익, 고객 생애가치 등), 고객 니즈(선호도 ·

태도)별로 구분할 수 있다. 이 가운데 고객가치를 기준으로 한 고객세분화 작업을 잠시 살펴보기로 한다.

- 우선 고객가치를 이루고 있는 구조를 파악하고, 그에 따른 고객 행동변수들을 찾아내야 한다. 예를 들면 소매업의 경우 고객가치는 구매정도와 구매빈도가 가치구조의 뼈대를 이루며, 그에 따라 구매금액, 구매상품과 마진, 구매시 상품 수, 매장 방문횟수 등 주요한 변수를 찾아내고, 통계기법을 사용하여 변수간의 유의미한 관계를 끌어내고, 그 강도에 따라 고객을 분류한다.
- 그 다음 단계는 분류된 고객군의 프로파일링(profiling) 작업으로 고객군마다 고객가치, 고객당 구매액, 방문횟수, 구매상품 수, 순마진 등의 속성을 매핑(mapping)시키어 각 고객군의 특성을 파악한다.
- 그 뒤 특정 고객군의 고객에 대한 기회파악의 작업이 진행되는데 고객의 이동 형태, 고객이탈 형태 등 고객행동을 살펴보고, 추가 판매기회 등 개선과 기회의 여지를 찾고, 그것을 CRM 과제화하여 재무적 기대효과를 추산한다.

이 간단한 예에서 살펴본 바와 같이 고객세분화는 CRM 상 꼭 거쳐가야 할 중요한 과정이며, 고객세분화의 통계기법으로는 Cross Tab Analysis, CHAID, Clustering, Multiple/Logistic Regression, Scoring 등이 있다.

일반적으로 고객세분화는 전략적(strategic) 고객세분화와 전술적인(tactical) 고객세분화로 나뉘어 운영되고 있는데 전자가 전사적인 차원에서 각 고객군에 대한 가치제안·고객관리 등을 위주로 사용된다면 후자는 타깃팅이나 교차판매 기회 도출 등 고객대상 CRM 프로그램을 위해 사용된다.

예를 들면 은행에서는 고객의 여·수신 평잔을 기준으로 전략적 고객세분화를 하여 은행·전체 고객현황을 파악하고, 고객 포트폴리오를 작성하며, 향후 고객정책도 수립하고, 추후 고객의 변화를 측정한다.

하지만 대출상품의 교차판매를 목적으로 세분화할 때는 고객 신용 리스크, 고객 수익성 등 여러 가지의 다른 기준으로 전술적인 고객세분화를 활용하여 구체적인 CRM 행동을 한다.

5. 고객제안

고객제안(offering)은 고객이해를 바탕으로 고객의 니즈에 맞는 가치제안(value proposition)을 하는 단계이다. 즉, “특정고객에게 ‘무엇’을, ‘어떤 채널’을 통해, ‘어떤 방법’으로 전달하는가?”라는 주제를 다루며, 이는 각각 상품전략, 채널전략, 캠페인 전략의 요소와 연관되어 있다.

상품전략의 측면에서 고객제안은 상품 믹스(mix), 신상품·서비스 개발, 가격정책, 서비스 레벨(level) 관리 등의 세부적인 방안을 의미한다. 과거의 고객제안이 기업의 일방적인 상품 밀어내기(push)였다면 CRM 상에서는 “고객이 원하는 것에 맞추어 제공한다”라는 고객 끌어당기기(pull)와 개인 맞춤화(personalization)를 기본 원칙으로 한다.

또한 고객의 니즈에 맞추어진 제안(tailoring)은 다음에 살펴볼 고객관계를 공고히 하는 데 큰 역할을 한다. 하지만 이때에도 “고객의 가치에 대비하여 얼마나 주어야 하나?”라는 경제성에 대한 판단과 아울러 “제안으로 말미암아 얼마 만큼의 효과가 있었나?”라는 결과에 대한 피드백이 반드시 수반되어야 한다.

CRM의 고객제안의 대표적인 예는 교차판매에서 찾아볼 수 있는데 상품간의 연관성에 따른 상품 그룹핑(grouping), 특정 고객군의 추후구매(next-to-buy)상품 예측, 묶음판매(bundling)나 상품의 패키지(package)화, 추가 관심상품에 대한 정보나 어드바이스(advice) 제공 등을 들 수 있다. 이외에도 고객제안과 관련하여 '대량 맞춤화(mass customization)'의 개념을 생각할 수가 있다.

기술의 발전으로 인하여 대량의 고객을 대상으로 개인화된 형태의 제안을 주고받는 것이 가능하지만 이를 위해서는 상품과 서비스의 표준화, 제안 전달 프로세스의 자동화와 룰(rule)화, 생산시설과 전달(delivery) 체제의 완비 등 많은 전제조건들이 필요하다.

고객제안에 관련된 채널 전략의 의미는 "고객이 선호하는 채널(들)에 따라 제안을 전달한다"이며, 같은 맥락에서 캠페인 전략은 "고객이 원하는 적절한 시기와 경우에 적절한 커뮤니케이션 방식을 취한다"라는 의미를 가지고 있다.

예를 들어 고객이 DM을 싫어하고 영업사원과의 1 : 1 상담을 좋아하거나, 고객이 이사한 직후 주택화재보험을 권유하거나, 거액거래가 있는 고객을 자동적으로 파악해서 즉각적인 감사를 드리거나, 고객센터에 문의해온 고객에게 상담 후 자연스럽게 신상품을 소개하는 경우에서와 같이 고객제안의 전달시 고객의 선호채널과 적절한 제안방법을 반드시 고려하여야 한다.

한편 고객제안이 캠페인이나 데이터베이스 마케팅에서 협의의 의미로서 쓰일 경우는 가격할인·선물·쿠폰 등의 구체적인 제안 형태를 뜻하며, 타깃 고객, 메시지의 내용과 함께 3대

성공요소로 간주된다.

고객제안과 관련하여 마지막으로 고려할 점은 고객에게 행한 제안의 이력(history)과 그에 대한 고객반응의 이력에 관련된 정보의 축적이다.

이는 추후 좀더 효과적인 고객제안을 가능하게 하며, CRM 실무자, 특히 CRM 과제를 담당하는 마케터가 담당해야 할 중요한 업무이다.

6. 고객관계

CRM 활동 사이클 상에는 '고객제안(offering)'의 다음 단계로서 '고객 상호작용 (interaction)'이 위치하며, 이는 고객접촉과 다중 채널과 관련성이 강하므로 〈2.6〉절의 채널 부분에서 따로 다루기로 하고, 이 장에서는 CRM 전략과 보다 연관이 있는 '고객관계(relationship)'에 대해 먼저 알아보기로 한다.

'고객관계'는 CRM 활동 사이클의 마지막 단계이자 재순환의 전환점으로서 고객과 기업간의 관계가 '쌍방향적인' '상호 호혜적인' '정보를 주고받는' '장기적인' '신뢰를 바탕으로 한' '개별적인' '감성적인'이라는 의미를 함축하고 있으며, 궁극적으로 '긴밀한 유대관계를 통한 고객충성(loyalty)'의 상태를 표방하고 있다.

이런 고객관계는 고객과 기업 사이의 긍정적이고 반복적인 상호활동을 통해서 형성되며, 그 과정에서 좋은 '고객경험(experience)'이 축적되어 결과적으로 고객이 그 기업을 선호(preference)하고 친밀감(intimacy)을 느끼게 된다.

예를 들어 원숙한 고객관계의 단계에 들어선 기업과 고객의 관계는 가격할인이나 판촉 등의 일시적인 유혹에 영향을 받지 않으며, 반면에 단순히 거래기간만이 길다고 해서 형성되는 것은 아니다. 고객관계는 고객 서비스, 고객만족, 고객충성도 등과 더불어 상품의 속성, 상품과 서비스의 품질, 브랜드 등 CRM 외적인 요소들에 의해서도 크게 영향을 받는다.

CRM이 고객과의 원활한 커뮤니케이션 과정의 산물임을 가정할 때 '고객관계' 부문은 그 동안 IT와 분석 등 기술적인 부문과 마케팅과 영업 지원 등의 업무 부문에 비해 상대적으로 간과되어왔다.

다시 말해, 많은 기업이 CRM 활동 사이클 상 고객정보·고객이해·고객제안까지는 잘 진행해오지만 CRM 운영의 핵심부문인 고객 상호작용, 고객관계 부문을 아직까지는 진지하게 운영하고 있지 않은 듯하다.

이런 고객관계의 중요한 활동으로서는 고객별 대화의 최적화, 일관된 고객경험의 유지, 고객경험의 개인화, 고객충성도 관리, 고객과의 정보 교환 및 고객의 프라이버시(privacy) 보장 등이 있다.

또한 고객관계상 새로운 고객정보의 획득과 고객과의 정보 교환은 중요한 의미를 가진다. 고객관계가 강화될수록 고객은 자발적으로 본인의 소득·가족관계 등 극히 개인적인 정보까지도 기업에 제공하게 된다. 이때 기업은 이에 상응하는 추가 가치를 고객에게 제공함은 물론 고객의 프라이버시를 지키려는 노력을 해야 한다.

예를 들면 직원별로 고객정보에 대한 접근을 제한하거나 정보의 사용용도를 철저히 관리하는 등의 대안을 마련해야만 원활한 고객관계를 지속해나갈 수 있다.

이 장의 마지막 부분에서는 고객관계 활동 중의 하나인 고객충성도에 대해서 살펴보기로 한다.

고객충성도는 일반적으로 상품의 품질과 고객 서비스에 대한 만족 등이 축적되어 그 태도가 생성되며, 이에 따라 충성도가 높은 행동을 하게 된다. 만약 고객이 아무리 기업에 대해 좋은 이미지를 가지고 있어도 이탈을 하거나 하향이동을 행한다면 충성도가 있다고 말할 수 없다.

기업의 입장에서는 고객의 충성도가 높아지면 고객관리 비용이 감소되며, 가격의 저항 없이도 상품을 좀더 많이 판매할 수 있어 고객당 수익이 올라가며, 잠재 우량고객 추천도 받을 수 있으며, 고객성향 파악도 용이하게 되는 등 여러 가지 혜택을 받을 수 있다.

따라서 기업은 고객관계를 통하여 충성도 높은 고객을 확보하려고 노력하며, 고객의 충성도에 대한 보상의 일환으로 상품의 품질을 지속적으로 개선하거나 가격을 합리적으로 책정하거나 서비스 수준을 개선하고 있다.

요즈음 각 기업에서 운영하고 있는 고객 로열티 프로그램도 이런 차원에서 출발하였지만 기업간 경쟁이 심화되고, 포인트 관리 등 프로그램의 실행방법 자체에만 집착을 하게 되어 또 하나의 판촉 프로그램으로 전락하게 되었다.

이런 가운데 자신만의 독특한 CRM 전략으로 로열티 프로그램을 운영하고 있는 영국 테스코(Tesco)사의 사례는 시사하는 바가 크다. 로열티 프로그램의 관리에 관하여서는 이 책의 부록을 참조하기 바란다.

2.4 CRM 과제의 도출

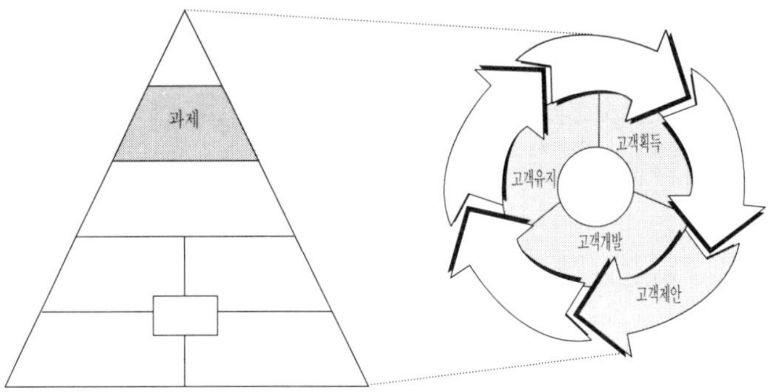

1. CRM 과제의 의미

CRM 과제는 CRM 전략을 구현시키기 위한 실행과제를 총칭하며, 기업의 당면 업무과제를 CRM에 접목시켜 가시적인 성과를 끌어내려는 목적을 가지고 있다.

이를 위해서는 당면 업무에 대한 이슈의 정확한 파악, 이슈 해결을 위한 가설 설정, 가설의 과제화, 중요도와 실행 가능성에 따른 과제간의 우선순위 조정 등의 과정을 통한 명확한 CRM 과제의 도출이 무엇보다도 중요하다.

CRM 과제의 구조는 〈표 2-2〉에서와 같이 CRM 목적 – CRM 전략 – CRM 레버(lever) – CRM 이니시어티브(initiative)의 연결고리를 그 체제로 하여 일관성 있게 이루어져야 한다.

이때 CRM 레버는 CRM 전략기준에 의해 CRM 과제를 구분하는 범주로서 신규고객 획득, 교차판매, 업 셀, 고객유지, 채널 비용 감소 등이 있으며, 한편 CRM 이니시어티브는 CRM 레버별 세부 실행항목을 뜻한다.

〈표 2-3〉에서와 같이 마케팅·영업·서비스의 '업무기능'의 개념을 도입하면 CRM 과제는 좀더 명확하게 구분이 된다. 이탈방지는 마케팅과 고객유지의 범주에, 교차판매는 영업과 고객개발의 범주에, 고객불만 처리는 서비스와 고객유지의 범주에 속해 있음을 알 수 있다.

CRM 과제는 마케팅 중심의 과제뿐 아니라 고객을 직접 접촉하는 영역인 영업이나 서비스 중심으로도 그 과제가 선정되어야 한다.

예를 들어 고객으로부터 사전 영업기회(lead)를 어떻게 이끌어낼 수 있는가, 우수고객과 정기적인 의사소통을 어떻게 할 것인가, 고객이 상품이나 서비스에 불만을 갖는 경우 고객군별로 불만처리를 어떤 방식으로 차이를 둘 것인가 등을 주제로 하여 CRM을 과제화하는 것도 중요하다.

〈표 2-2〉 CRM 목표·전략·레버·이니시어티브의 연결고리

목 표	전 략	레 버	이니시어티브
매출증대	고객개발	교차판매	고수익 고객 타깃팅
⋮	⋮	⋮	고객제안 강화
			고객 접촉률 증대
			⋮

〈표 2-3〉 CRM 전략과 업무기능에 따라 분류된 CRM 과제(예시)

ADR \ 기능	마케팅	영 업	서비스
고객획득	타깃팅(targeting) 고객제안 맞춤화(tailoring)	영업생산성 제고	영업 후 서비스 제공 구매 후 후회(buyer's remorse) 제거 해피 콜(happy call)
고객개발	사용 활성화 상향이동 제고	교차판매 상향판매	로열티 프로그램
고객유지	우수고객 이탈방지 하향이동 감소	이탈고객 재유치(win back)	채널 이동 고객의 소리 관리 고객 서비스 차별화 로열티 프로그램

2. CRM 과제의 생성

CRM 과제의 원천은 일반적으로 다음과 같이 세 가지로 구분이 될 수 있다.

- 기업이 당면한 이슈(issue) 중심으로 과제를 도출하기도 하고
- 고객정보나 데이터(data) 분석을 통해 과제를 만들기도 하며
- 고객이나 거래 · 상품 등과 관련하여 미리 정해놓은 특정 이벤트(event)에 따라 자동적으로 과제를 끌어내게 할 수도 있다.

고객이탈 방지를 주제로 한 CRM 과제의 경우를 예로 들어 보기로 하자.

- 최근에 하향 이동자가 많아지고, 이들이 이탈할 가능성이 크다고 가정하고 하향이동 방지 CRM 과제를 정할 수도 있고(이슈 중심)
- 이탈집단을 분석하여 변수를 찾아내고, 이탈 패턴과 이탈 원인을 알아내어 이탈 스코어링(scoring)을 하여 이탈방지 CRM 과제를 도출할 수도 있으며(데이터 중심)
- 단순히 고객의 특정상품의 만기도래 1개월 전에 DM/TM을 통해 고객에게 기존상품의 갱신이나 신상품을 소개하여 이탈을 예방하는 CRM 과제를 선택(이벤트 중심)할 수도 있다.

CRM 과제를 도출하는 과정은 IT 등 기술적인 측면과는 상관이 없다. 물론 CRM 과제를 용이하게 하기 위해서 추후에 IT가 지원(enabler)을 할 수는 있지만 그 반대가 되어왔던 시행착오는 더이상 겪으면 안 될 것이다.

비즈니스 관점에서 자사에게 적절한 CRM 과제를 이끌어내는 역량은 CRM의 진정한 성공요인 중의 하나이다.

3. CRM 과제 내용

CRM 과제의 내용상의 유형은 앞서 살펴본 바와 같이 CRM 레버로 구분이 되며, CRM 실무자는 자사의 상황에 적합하게 CRM 레버와 이니시어티브를 선택하여야 한다. CRM 레버는 업종의 특성에 따라 강조되는 점이 다르다.

상대적으로 비교할 때 신용카드업은 고객획득이 중요한 반면 은행은 고객개발이, 이동통신업은 고객유지가, 소매업은 고객개발이 중요하다.

〈표 2-4〉 CRM 과제 도출을 위한 아이디어 브레인스토밍

CRM 전략	CRM 과제 아이디어
고객획득	• 최근에 가장 응답률이 높은 고객군은? • 현재 우수고객의 처음 당시의 획득경로는? • 잠재 우수고객을 보유한 제휴 파트너는?
고객개발	• 특정상품에 가장 잘 반응을 보일 고객군은? • 수익개선이 가장 용이한 고객군은? • 가구(household)에 적합한 상품 믹스는? • 가격조정에 가장 민감한 고객층은?
고객유지	• 누가 가장 수익성이 높은 고객인가? • 어떤 상품을 소지한 고객이 가장 오래 거래하는가? • 이탈이 가장 많은 고객군은?

또한 같은 신용카드업의 경우라도 시장 초반기에는 신규회원 수나 모집비용의 절감 등 고객획득이 중요하고, 성숙기에는 고객개발이 강조되어 카드 사용 빈도와 구매액을 늘리는 것이 더 중요하다.

이렇듯 CRM 레버에 따라 고객세분화, 대상고객, 필요 데이터, 고객과의 커뮤니케이션 등 CRM 과제의 구체적인 내용이 뚜렷하게 차이가 난다.

이 장에서는 CRM 레버 중 교차판매와 고객유지를 중심으로 CRM 과제의 내용에 대하여 살펴보기로 한다.

(1) 교차판매

교차판매(cross sell)는 고객관계의 확장 차원에서 고객이 현재 소유하고 있는 상품과 동종 또는 이종의 상품을 구매하도

록 함으로써 고객당 상품판매 수를 늘리어 매출을 증대시키는 CRM 레버이다.

교차판매의 대표적인 예는 은행의 경우는, 방카슈랑스(Bancassurance)의 판매 · 제조업의 경우 컴퓨터 구입시의 프린터 판매, 통신업의 경우 무선전화 서비스 판매시 유선전화 서비스나 인터넷 서비스의 판매 등이 있다.

교차판매는 CRM 레버 중에서 상품 중심의 성격이 강하지만 여전히 "'누구'에게 '가치있는 무엇'을 제공해야 하는가?"를 그 주제로 한다.

이를 수행하기 위해서는 우선 상품과 고객의 특성, 채널 선호도를 분석하여야 한다. 개별상품들간의 연관성을 기준으로 상품을 그룹화하며, 각 상품 그룹의 매출 · 수익성 · 고객분포 및 수익성 등을 살펴봄으로써 교차판매의 기회가 많은 상품군을 파악해야 한다.

동시에 고객이 통상 처음 구매하는 상품(anchoring product)을 파악, 차후 상품의 추가구입 형태의 규명(예를 들면 은행의 경우 입출식 저축상품의 구입 후 대출상품을 구입하고 그 후 투자상품의 순서로 구입), 전체 상품 중 수익상 핵심이 되는 소수의 상품 선별, 상품조합의 유형에 따른 수익성의 변동 점검 등 추가적인 의미를 이끌어내어야 한다.

고객분석 측면에서도 여러 상품을 구매한 기존고객의 프로파일을 알아내고, 교차판매가 수익성 확보를 위한 기업 주도의 일방적인 제안에 그치지 않도록 고객이 중요하게 여기는 가치를 반영하며, 최대한 고객이 선호하는 채널을 통해 교차판매가 이루어지도록 해야 한다.

이러한 준비작업을 토대로 하여 CRM 과제 대상고객군을 선정하고, 새로운 고객제안을 개발하여 상품가입 확률 등을 예측한 후 CRM 실행 프로그램을 디자인하는 등의 업무순서로 교차판매 과제가 진행된다.

교차판매의 CRM 이니시어티브는 상품의 묶음판매(bundling), 고객의 라이프 스테이지와 이벤트에 맞춘 상품 제안 등이 대표적이며, 교차판매 지수로서는 고객당 상품보유 수, 고객군별 상품 침투율, 신규고객 상품 침투율 등이 있다.

여타 CRM 레버들과는 달리 교차판매에서 CRM 과제의 수립만큼 중요한 요소는 현장에서의 '영업력'이다. 즉 고객이해로 아무리 좋은 과제를 수립하여 영업부서에 전달하더라도 그것을 수행할 영업인력의 역량이나 조직적인 관리가 부족하다면 교차판매의 결과는 저조할 것이다.

따라서 기업의 전략에 따라서는 CRM 부문보다는 영업부문에 비중을 두고, 교차판매 프로그램을 진행하는 경우도 있다. 따라서 CRM 실무자는 교차판매 과제 진행시 영업부서와 긴밀한 협업을 해야 하며, 진행상황을 모니터링해야 한다.

(2) 고객유지

고객유지(retention)는 기존고객을 대상으로 고객 수익성을 개선시키는 데 유용한 CRM 레버이다.

① 우수한 기존고객과의 관계를 지속적으로 잘 지키거나
② 이탈위험이 있는 고객을 예측하여 이탈하지 않도록 하거나
③ 한번 이탈한 주요 고객을 재유치하는 윈백(win-back)

등의 경우를 모두 포함하고 있다.

고객유지 과제의 수행을 위해서는 현상을 파악하고, 그 결과치를 측정해야 하며, 근본원인을 파악하는 것이 중요하다.

고객유지와 관련되어 살펴볼 내용으로는 고객의 활성화와 비활성화의 정도, 고객이동(migration : 고객의 상향이동과 하향이동 등)의 형태, 고객이탈의 예상과 실제 결과의 차이 등이 있으며, 이들 개념에 대해 구체적인 정의가 이루어져야 하고, 그에 따른 지표 설정과 측정도 이루어져야 한다.

고객유지와 관련된 대표적인 지표로서는 유효고객 수, 활동고객 수, 우수고객 유지율, 고객 상향 이동률, 고객 하향 이동률, 고객 이탈률, 고객 만족도, 고객 불만율, 고객 거래기간, 재구매 의향률, 고객 추천 · 소개 의향률 등이 있다.

고객유지와 관련된 근본원인을 파악할 때에는 고객만족 관점, 상품 관점, 고객행동 관점 등의 포괄적인 접근이 필요하다.

따라서 고객의 불만 여부 및 이탈 패턴을 검토하거나 기존 상품의 품질에 대한 고객의 태도나 상품 · 서비스 구매행동을 조사하거나, 이전에 실시한 마케팅 프로그램에 대한 고객의 반응이력 등을 분석하여야 한다.

고객유지 과제의 전략을 수립할 때에는 고객의 가치와 함께 고객의 위험도를 동시에 감안하고, 고객의 과거행동뿐만 아니라 미래행동도 고려해야 하는 등 균형잡힌 시각이 요구된다.

예컨대 고객 전체를 모두 유지시킬 수도 없을 뿐 아니라 무분별한 고객유지는 기업의 수익에 도움이 되지 않으므로 고객군에 따라 선별적인 고객유지 활동이 필요하다.

또한 고객의 미래행동에 대한 예측을 위해서 해당 변수의 선정과 마이닝 등 분석작업이 이루어져야 하며, 고객의 과거가치나 구매행동에 관련된 데이터가 필수적으로 준비되어야 한다.

고객유지 과제 생성의 기본 틀은 일반적으로 고객의 이탈 위험도를 감안한 고객가치 산정, 고객가치나 이탈 스코어 등에 의한 고객세분화와 그에 따른 타깃팅, 이탈 원인과 고객 니즈에 맞는 고객제안의 제공 등으로 구성된다.

고객유지 과제를 위한 구체적인 방안으로는 고객 서비스의 개선과 고객만족 증대, 고객 상품 경쟁력 제고, 상품구매의 용이성 개선, 고객 로열티 프로그램, 고객 재활성화(re-activation) 프로그램, 고객이탈 방지 프로그램, 고객의 전환비용(switching cost) 증대 등의 CRM 과제들이 있다.

이 중 고객 전환비용은 고객이 이탈하는 데 별도의 노력과 비용이 들게 함으로써 기업에 대한 의존도를 높이게 하는 방법으로 은행의 경우 중도해지 수수료와 같이 이탈시 패널티(penalty)나 불편한 프로세스를 부과하여 제품 사용을 고착화(lock in)시키는 것을 말한다.

교차판매와 고객유지 이외의 주요 레버로서는 고객획득(acquisition), 업 셀링(up selling), 채널비용 절감(channel migration) 등이 있다.

고객획득은 잠재고객을 대상으로 신규고객 전환율을 개선하여 마케팅의 효율성을 높이거나 고객소개 등을 통한 고객획득의 원천을 다양화하는 레버이다.

업 셀링은 고객에게 동일계열의 고가의 상품을 구매하거나 상품 구매량을 증대시킴으로써 매출을 개선시키는 레버를 의미한다.

업 셀링의 대표적인 예는 신용카드의 경우 골드카드 등 상위 레벨의 업그레이드된 카드 발급이 있다. 채널 비용의 감소는 수익이 나지 않으나 고비용 채널을 사용하는 고객을 가급적 인터넷과 같은 저비용 채널로 이동을 유도하여 비용절감을 통해 수익을 얻으려는 레버로서 채널이 발달된 최근에 그 중요성이 부각되고 있다.

4. CRM 과제 실행방법

CRM 과제는 목적에 따라 매출증대를 위한 과제와 비용절감을 위한 과제로, 대상에 따라 신규고객 대상 과제와 기존고객 대상 과제로, 성향에 따라 상품위주 과제와 고객위주 과제로, 진행형태에 따라 인바운드형 과제와 아웃바운드형 과제로, 방식에 따라 대응적(reactive) 방식의 과제와 적극적인(proactive) 방식으로 각각 구분될 수 있다. 또한 이런 CRM 과제는 실행하는 방법으로 캠페인 · 알고리즘 · 이벤트 등으로 구분될 수 있다.

- 캠페인이 특정상품을 주제로 CRM 과제를 만들고, 그에 대한 고객 타깃팅을 하고, 이 대상에게 CRM 과제를 실행한다면
- 알고리즘은 CRM 과제에 대해 부합되는 대상고객의 조건을 미리 정하고, 고객 데이터를 활용하여 해당고객을 찾아내어 CRM 과제를 수행한다.
- 이에 반해 이벤트는 고객과 상품과 관련되어 생일 등 특정한 경우나 거액거래 등 특정한 거래가 발생되는 것을 감지하여 타깃 고객 리스트와 제안 프로세스 등을 미리 만들고, 자동적으로 해당 CRM 과제를 실행한다.

이 세 가지 실행방법은 마케팅과 기술의 발전단계에 따라 생겨난 개념들로서 각각 타깃 마케팅, 릴레이션십(relationship) 마케팅, 1 : 1 마케팅의 특성을 보이고 있으나 서로 유사점이 있기 때문에 그 의미가 혼재된 상태로 쓰이고 있다. 따라서 CRM 실무자는 최소한 이들의 차이를 구별할 수 있어야 한다.

〈표 2-5〉 CRM 과제 유형비교

기술의 발달	마케팅의 발달		개 념	특 징
		캠페인	• 특정제품 · 오퍼에 대해 가장 응답률이 높을 것으로 예상되는 고객을 타깃팅	• 상품 중심 • 정해진 기간 내 일시적 · 일회성 • 전사적으로 매스(mass) 고객 대상 • 매번 기획작업 수립 • 아웃바운드 위주
		알고리즘	• 특정한 과제에 대하여 응답률에 높을 것으로 예상되는 고객의 조건을 정의하고, 해당고객을 추출하는 규칙	• 고객 중심 • 정해진 기간 내 지속적 · 반복성 • 개별고객별로 진행 • 표준화된 마케팅 • 고객과의 대화 기반 • 인바운드 위주
↓	↓	이벤트	• 고객의 라이프사이클이나 거래패턴을 감지하여 고객의 행동변화에 대한 제안 제시	• 고객 중심 • 정해진 기간 외에도 상시성 · 반복성 • 개별 고객별로 진행 • 고객의 행동을 감지하며 진행 • 고객대우에 대한 룰(rule) 운영 • 고객의 적시성 감안

그리하여 궁극적으로는 CRM 과제를 용도에 맞게 분류하고, 그에 따른 실행방법을 적절히 선택하여야 할 것이다.

(1) 캠페인

캠페인(campaign)은 일반적으로 특정목표를 달성하기 위한 전사 차원의 대대적인 업무활동을 뜻하기도 하고, 알고리즘과 이벤트를 포함하여 CRM 과제를 총칭하는 용어로도 쓰이기도 한다.

하지만 CRM 상 캠페인은 일정기간 동안 CRM 목표를 달성하기 위해 상품이나 고객단위의 CRM 과제를 수행하는 수단을 의미한다.

내용적인 측면에서 캠페인은 주로 상품 중심의 과제를 우선 설정하고, 그에 따라 적합한 고객을 타깃팅하며, 대부분 아웃바운드 방식의 특징을 취하고 있다.

캠페인의 진행과정은 아이디어의 수집, 캠페인 기획과 개발, 캠페인 준비, 캠페인 수행, 캠페인 평가의 프로세스로 이루어진다. 그 자세한 내용은 〈2.5〉절에서 다루어질 예정이며, 이 장에서는 각 단계의 주요 고려점을 살펴보기로 한다.

캠페인 아이디어는 관련된 구성원을 모아 자유스러운 분위기에서 브레인스토밍(brainstorming) 등을 통해 가급적 많은 아이디어를 도출하는 것이 중요하다. 캠페인 기획을 진행할 때는 타깃팅 · 오퍼링 · 독창성 · 전달매체 · 타이밍(timing) 등 데이터베이스 마케팅의 구성요소들을 활용하여 캠페인 과제를 개발하여야 한다.

본격적인 캠페인을 수행하기 전에 파일럿 규모의 테스트를 통하여 부족한 부분을 발견하고, 그 개선점을 보완한다. 파일럿 테스트를 할 때에는 올바른 가설 설정과 그에 따른 테스트 요소들(타깃·오퍼 등)의 결정이 중요하다.

테스트를 통해서는 아무런 행동도 하지 않는 준거그룹(control group)을 활용하여 테스트 그룹의 반응과의 유의미한 차이를 파악해야 한다. 캠페인 수행시에도 스크립트를 사용해서 고객의 반응을 모니터링하여 캠페인의 최종 결과와의 관련성을 규명해야 한다.

또한 캠페인 시행 후에도 그 결과를 분석하여 애초에 목표한 고객행동과 대비하여 실제 고객행동 반응간의 차이를 다음 캠페인 과제의 수립에 재반영하여 나감으로써 과학적이며 학습과정을 중시하는 접근방법을 취해야 한다.

이와 같이 캠페인은 광범위한 업무를 포괄하고 있으므로 캠페인을 담당하는 캠페인 매니저는 캠페인과 관련된 다양한 당사자들(예를 들어 상품 개발자, 채널 담당자, 영업 담당자, 통계 분석가, 마케팅 커뮤니케이터, IT 담당자, 데이터베이스 담당자, 캠페인 실행담당자 등)과의 업무를 조정하는 역할을 수행하여야 한다.

(2) 알고리즘

CRM에서 알고리즘(algorithm)은 특정 CRM 과제에 대하여 반응이 높게 예상되는 고객의 조건을 정의하고, 고객정보를 검색하여 해당고객을 추출하는 규칙(rule)을 의미한다.

예를 들어 은행의 경우 대출상품의 취급고를 증대시키려는 CRM 과제가 있다고 한다면 “당행고객 중 타행에 대출상품을 가지고 있으나 당행에는 대출상품이 없는 우수고객이 이 과제에 대한 주요 대상고객이 될 것이다"라는 가설을 세우고, 이것을 공식으로 만들어 고객 데이터베이스와 연계를 하여 주기적으로 이 조건에 부합하는 고객의 리스트를 추출할 수 있다.

알고리즘은 캠페인과 비교해볼 때 CRM 과제를 도출하는 방식과 현장에서 CRM 과제를 실행하는 방법은 유사하나 CRM 과제를 운영하는 방법에 차이가 있다.

즉 캠페인이 분석작업을 통한 타깃팅을 거쳐 최적의 대상고객을 일회적으로 추출하는 반면 알고리즘은 고객에 대한 추출조건을 따로 운영하며, CRM 과제 운영기간 동안 룰을 활용해서 그 조건을 고객 데이터에 자동적이며 반복적으로 적용시킨다.

일면에서는 알고리즘은 캠페인을 자동화시켰다고 말할 수 있다. 일반적으로 알고리즘은 캠페인보다 좀더 고객 중심적이고 반복적이며, 주로 인바운드 위주로 이루어진다는 특징이 있다.

알고리즘의 진행과정은 크게 알고리즘 개발과 실행부분으로 나뉘어지며, 알고리즘의 개발은 CRM 과제 주제의 선택, 대상고객의 특성 파악, 가치의 제안 결정, CRM 과제의 실행준비 등의 업무로 이루어져 있다. 즉 과제에 대한 구체적인 현황도 추가 분석하고, 세분화를 통해 대상고객을 세부 분류하며, 제안내용을 구체적으로 설계하여야 한다.

앞의 예를 계속 살펴본다면 타행 대출자의 규모와 전환 가능성을 분석하여 달성 가능한 목표의 규모를 구체화할 수 있으며, 연령과 소득으로 고객을 재분류하여 고소득층 젊은 고객을 주대상으로 규정하고, 그들에게는 자산구매 위주의 대출상담 등의 제안을 마련할 수 있다. 그 뒤 매월 말에 고객정보와 거래정보를 처리하여 위의 해당조건에 맞는 고객 리스트를 추

출하는 전산 프로그램을 개발하여 알고리즘 실행의 준비를 마쳐야 한다

알고리즘의 실행은 실행 여부의 의사결정, 대상고객 추출과 할당, 실행 및 피드백 등의 순서로 이루어진다. 알고리즘의 실행 여부는 관련부서와 협의를 통해 결정되며, 실행을 위해서는 업무 프로세스, 전산 시스템, 영업조직상의 준비가 선행되어야 한다.

앞의 예에서도 실행 프로세스가 영업현장에 해당고객이 방문시 CRM 과제를 수행하는 것으로 결정될 수 있다. 이 경우에는 추출된 고객들이 리스트 형태로 현장에 전달되어서는 안 되며, 영업현장의 거래 단말기상 화면에 해당고객의 알고리즘이 자동적으로 표시될 수 있도록 전산 프로그램을 만들어 실행을 지원하여야 한다. 또한 실행이 완료된 알고리즘들은 따로 분류하여 모니터링 결과 등과 함께 축적 관리되어야 한다.

(3) 이벤트

CRM 상 이벤트(event)는 고객과 관련된 사건을 의미하며, 개별적인 고객의 행동을 감지(triggering)하여 적시에 적절한 오퍼를 제공할 수 있는 기회를 뜻하기도 한다.

이벤트는 내용에 따라 고객 라이프 스테이지 이벤트(고객의 결혼 · 이사 등), 고객행동 이벤트(고객의 거액거래, 고객의 불만 등), 상품 이벤트(특정상품 거래의 만료, 거래 해지 등) 등이 있다.

또한 이벤트는 복잡성에 따라 단순 이벤트, 룰(rule) 이벤트, 실시간 이벤트 등으로 분류된다. 단순 이벤트는 앞에서 든 예와 같이 단순한 형태이며, 룰 이벤트는 "고객의 금월 사용량이

전월보다 3배 이상일 때, 그러면……"이라는 예에서와 같이 조건이나 공식을 이용해서 이벤트를 정의하는 유형을 말한다. 이에 반하여 실시간 이벤트는 실시간이나 준실시간으로 고객의 이벤트를 감지하여 고객에게 제안을 전달하는 이벤트를 뜻한다.

이러한 복잡한 형태의 이벤트는 기술의 발달과 더불어 마케팅의 발달이 반영된 결과이다. 즉 방대한 거래 데이터를 처리할 수 있는 기술적인 역량과 고객과의 상호작용과 다중채널 상에서 일관된 고객경험을 중시하려는 마케팅의 최근 경향이 반영되었다. 이렇듯 실시간 이벤트 등은 캠페인과 알고리즘의 발달된 형태라고 할 수 있다.

이벤트 과제를 수행하는 과정은 우선 이벤트 과제를 도출하고, 실행과 관련된 룰을 정한 뒤 그에 따라 이벤트를 감지하고, 오퍼 및 채널을 선택하여 이벤트를 실행하고 사후평가를 내리는 순서로 진행된다. 이벤트는 어떤 면에서는 고객의 상태나 행동의 변화를 감지하는 과정이다.

따라서 CRM 실무자들은 시장과 제도의 변경에 따른 정보분석뿐만 아니라 고객과의 접촉활동을 통해서도 이벤트 과제를 도출하여야 한다.

예를 들면 은행에서 고객이 주택담보대출 제도의 변경에 따라 주택대출과 관련된 문의를 해올 경우 CRM 실무자는 고객이 가까운 미래에 주택을 매매할 것임을 예상하고, 주택매매 전후에 일어나는 이벤트를 모두 예상하여 일련의 이벤트 과제를 도출할 수 있어야 한다.

또한 이벤트는 실행상 여러 종류의 룰(rule)이 적용되는 특성을 가지고 있다. 과제를 도출할 때마다 별도의 기획을 해야 하는 캠페인과는 달리 이벤트는 과제를 한번 정하면 자동적으로 과제가 실행된다. 이를 위해 1차적으로 이벤트를 감지하는 룰이 필요하고, 고객의 니즈를 반영하여 오퍼와 실행 채널을 결정할 때도 분석을 통한 룰이 적용된다. 또한 고객을 접촉할 때에도 자동화된 비즈니스 룰에 의해 고객에 대한 적절한 메시지와 대응절차가 제시된다.

이상과 같이 간략하나마 CRM 과제의 실행방법에 대하여 살펴보았다. 전술한 대로 캠페인·알고리즘·이벤트는 개념상 서로 중복되는 부분은 있지만 각기 고유한 영역이 있기 때문에 CRM 실무자들은 그 차이를 잘 이해하여야 한다.

5. CRM 과제 운영

CRM 과제는 그 자체의 개발도 중요하지만 영업과 서비스 등 현장에서의 실행과 연계되어야 목표를 달성할 수 있다. 예를 들면 아이디어에서 비롯된 CRM 과제가 영업기회로 변환되고, 영업직원의 실행에 의해 매출증대로 연결되어야 CRM 과제가 완성되었다고 볼 수 있다.

또한 CRM 과제운영은 실용적이고 전술적인 접근을 해야 하는데 기회가 많고 행동이 용이한 과제부터 먼저 시작하여서 작지만 신속한 성공(quick win)을 보여야 한다. 이를 통해 CRM이 작동되고 있음과 새로운 업무 프로세스의 당위성을 경영층에게 보여주어 추가적인 지원을 이끌어내야 한다.

이 장과 관련하여 마지막으로 고려해볼 사항은 영업현장이 주체가 되는 CRM 과제의 운영이다. 조직의 CRM 역량이 향상됨에 따라 본부는 데이터, IT 인프라 등을 지원하는 역할만을 하고, 궁극적으로 영업현장이 스스로 필요한 CRM 과제를 개발하고 실행하는 역할을 주도하여야 한다.

이상에서 살펴본 CRM 과제의 개발·실행·운영은 마케터 혹은 캠페인 매니저가 담당하여야 하며, 조직 내 관련 당사자들과의 업무 조정자의 역할도 동시에 수행하여야 한다.

2.5 CRM 프로세스의 정립

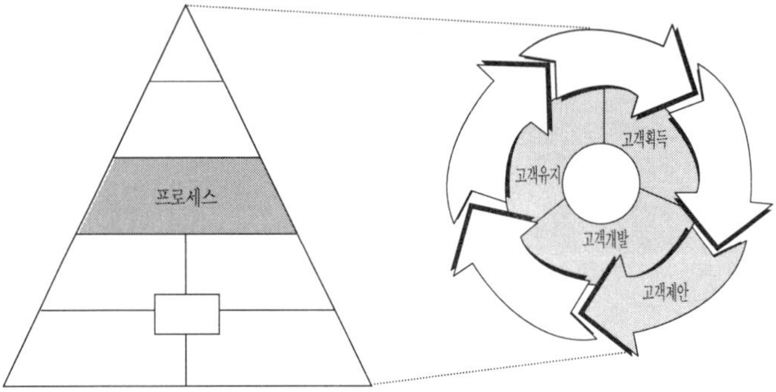

1. CRM 프로세스의 의의

프로세스(process)는 목표나 전략을 달성하기 위하여 취해야 할 업무단위나 구체적인 활동, 혹은 그 수행절차를 총체적으로 의미한다.

프로세스는 그것을 촉발시키는 사건과 뚜렷한 실행목적이 있으며, 그에 따라 투입(input)을 하고 활동을 하여 소정의 결과(output)를 이루어낸다.

전략 등의 개념적인 요소들이 프로세스를 통해서 구체적인 업무로 현실화되고, 이것이 실무자들에게 정확히 공유되며, 업무의 진행이 가시화된다.

일반적으로 기업은 전략수립에는 많은 노력을 쏟지만 그것을 구현시킬 프로세스 수립에는 그렇지 않은 경우가 많다. 또한 올바른 프로세스의 정립과 함께 중요한 사항은 기존의 프로세스에 대한 개선이다.

BPR(Business Process Reengineering)에서와 같이 프로세스 상에서 결정적인 개선점을 찾아낸다면 새로운 경영기회를 찾아내는 정도의 경영상 성과를 이룰 수 있다.

프로세스의 일반법칙은 고스란히 CRM에도 적용된다. CRM의 전략을 달성하기 위해서 새로운 업무 프로세스를 세부업무 단위로 구체화하여야 한다. 특히 CRM이 기업의 기존활동의 패러다임을 고객관계를 중심으로 바꾸는 작업이라 생각할 때 상품중심으로 이루어진 기존의 업무 프로세스는 변경되어야 한다.

CRM 프로세스의 개선은 주로 표준화・자동화・측정화・통합화・최적화 등의 형태를 취하며, 궁극적인 목표는 CRM 과제 실행의 효율성(예 좀더 나은 신속성과 정확성)과 효과성(예 좀더 나은 반응률과 영업 성공률)의 제고를 표방한다.

프로세스의 표준화는 세부업무의 정형화와 직원간의 원활한 업무 공유에 초점이 맞추어져 있으며, 프로세스의 자동화는 업무처리와 업무관리의 효율화와 생산성 개선에 그 목적이 있다.

전자의 예는 캠페인 프로세스의 표준화가 있고, 후자의 예는 영업자동화(SFA : Sales Force Automation)가 있다. 업무과정의 모니터링과 성과관리 등의 프로세스의 측정화와 여러 단위 프로세스들을 묶어서 새로운 프로세스를 도출하는 프로세스의 통합화도 CRM 프로세스의 주요 주제들이다.

콜센터에서 스크립트(script)를 활용하여 고객의 반응을 모니터링하는 것과 영업현장에서 고객분석 정보를 조회할 수 있는 것들이 측정화와 통합화의 대표적인 예들이다.

프로세스의 최적화는 특정고객에 대해 서비스 제안을 어느 수준까지 하는 것이 적절한 것인가와 같은 주제를 다루는 가장 난이도가 높은 프로세스이다. 최근 CRM 응용 프로그램

(application)의 개발 초점은 데이터 주도에서 벗어나 프로세스 주도적인 CRM을 지향하고 있다.

2. CRM 프로세스의 내용

CRM 프로세스는 내용상에서 '전체 프로세스'와 '업무단위별 프로세스'로 크게 나눌 수 있다. 〈2-3〉절에서 설명한 IDIC 모델에 의하면 CRM '전체 프로세스'는 고객을 식별하고 고객을 차별화한 후 고객에 대한 맞춤화를 하고, 그에 따라 고객을 접촉하는 프로세스로 요약된다.

고객식별과 고객 차별화는 분석업무의 영역이며, 고객맞춤과 고객접촉은 실행업무의 영역이다. 분석업무는 데이터베이스 구축, 고객세분화, 데이터 마이닝, CRM 전략, CRM 과제 실행계획 등의 프로세스를 거친다.

고객 맞춤화와 고객접촉의 실행업무는 분석단계에서 획득한 정보를 토대로 고객에게 가장 적절한 제안을, 고객이 원하는 채널을 통해 전달하는 프로세스를 말하며, 특히 다채널에서의 일관된 고객응대나 고객별로 다른 서비스 수준 관리(service level agreement) 등을 통한 고객경험(experience)의 프로세스를 다룬다.

CRM의 '업무단위별 프로세스'는 마케팅 · 영업 · 서비스의 업무기능을 적용하여 그 업무영역을 구분할 수 있다. 마케팅 부문은 주로 분석 · 캠페인 등을 다루며, 영업부문은 영업기회 · 영업활동 등을 그 주제로 하며, 서비스 부문은 고객상담, 고객불만 처리 등의 업무영역이 있다.

(1) 마케팅 업무 영역

1) 분 석

OLAP나 통계, 마이닝 툴을 이용한 정형·비정형 분석작업 자체의 자동화, 분석 결과의 조회, 리포팅, 영업이나 서비스 지원을 위한 메시지화, CRM 활동의 과정이나 결과에 대한 모니터링과 고객반응 분석 등

2) 고객세분화

효과적인 캠페인 목적을 달성하기 위하여 고객을 일정 기준으로 분류하고, 그 중 적합한 대상고객을 선별하여 리스트화 등

3) 캠페인

캠페인의 기획·테스트·시나리오 및 스크립트(script) 개발, 실행, 고객반응 감지, 추후 확인(follow up), 평가절차의 표준화·자동화 및 개인화, 개별 캠페인의 수행활동 관리와 다수의 캠페인의 운영 자동화 등

(2) 영업업무 영역

1) 영업기회

캠페인이나 고객접점에서 발생된 초기 영업기회(lead)의 영업 기회화, 고객을 통한 소개(referral) 영업기회의 보관·배분·실행 등

2) 고객접촉

영업직원의 고객접촉의 일정 및 활동계획 및 실행, 상담관리 등

3) 영업활동

영업활동 계획, 영업목표 할당 및 인센티브 책정 등 보상계획, 영업 프로세스 단계별 활동 진척도 점검(pipeline), 영업결과 예측(forecasting) 및 실적 관리, 영업 담당자 관리 등

4) 영업업무 지원

상품정보와 고객정보 등 영업관련 정보의 제공, 가격과 제안 등에 대한 영업직원의 재량권 행사의 운영, 영업현장(field)에서 모바일 등 채널 활용 지원 등

(3) 서비스 업무 영역

1) 주문처리

고객의 주문요청 접수 및 처리, 추후 상품·서비스 전달 및 청구에 대한 안내 등

2) 서비스 요청 이행

시비스 요청의 접수, 고객·상품 등 해당 정보에 대한 접근 및 고객정보 제공 지원, 서비스 이행 진척도 및 활동 점검, 룰에 의한 서비스 이행 결과 조회, 필요시 내부 담당직원 검색 및 연결 등

3) 고객불만 처리

고객불만 접수 및 처리, 불만 처리 후 확인(follow up) 등

4) 서비스 상담원 관리

서비스 상담원의 업무활동 및 성과관리, 업무의 생산성 및 품질관리 등

5) 채널 통합관리

다중 채널간의 일관성 있는 서비스 제공을 위한 채널 통합관리의 주관, 인터넷 등 온라인(on-line) 채널과 오프라인(off-line) 채널의 연계 등

간략하게 CRM의 기능별 업무영역과 그에 따른 단위업무들을 살펴보았으나 이는 가이드라인에 불과하며, 실제로 각 기업에서는 이보다도 더 많은 업무영역들이 존재한다.

CRM 프로세스 관리상 중요한 일은 이런 업무들을 파악하고, 각 단위업무마다 업무절차를 수립하는 일이다. 즉 각 단위업무의 파악이 끝나면 각 업무에 대한 세부업무의 흐름을 절차나 단계별로 일목요연하게 정리하는 것이 중요하다.

이것은 업무절차의 객관화와 그에 따른 공유목적뿐 아니라 추후에 누가 담당자가 되더라도 일관적인 CRM 업무가 진행될 수 있게 하기 위함이다. 물론 한번에 이런 일들을 모두 진행할 수는 없으며, 기업의 우선순위에 따라 진행하되 각 업무간의 연관성은 유지하도록 해야 한다.

예를 들면 영업력에 경쟁우위가 있는 기업은 우선 영업의 관리체제를 재정립하여야 한다. 그 후 영업부문의 CRM 영역의 프로세스를 수립하여 구축하되 추후에 이를 지원하는 마케팅 부문의 반영이 용이하도록 준비하는 것이 바람직할 것이다.

다음에서 CRM의 기능별 각 업무영역의 대표적인 업무인 캠페인, 영업자동화, 고객의 소리(VOC : Voice of Customer)의 세부업무 프로세스에 대해 알아보기로 한다.

(4) 캠페인 프로세스

CRM 과제 운영의 한 가지 유형인 캠페인은 데이터 · IT · 조직 · 채널 등을 활용한 유기적인 업무 프로세스이며, 특히 같은 프로세스를 여러 번 지속함으로써 개선점을 찾아나가는 패쇄형 순환고리(closed loop) 프로세스의 특징을 가지고 있다.

다음에 설명될 프로세스는 가장 기본적인 업무절차이며, 최근에는 캠페인 프로세스에도 개인화 등 시스템을 기반으로 한 자동화가 반영되고 있다.

1) 캠페인 아이디어의 개발

- 여러 부서의 관련 직원(영업, 고객 서비스, 상품개발, IT, 분석 등)으로 구성된 캠페인 팀을 구성한다.
- 사전에 캠페인 결과, 시장조사, 고객접점에서의 고객행동 · 고객분석에 의한 고객이해 등으로부터 아이디어를 발제(brainstorming)한다.
- 실행 용이성과 예상되는 효과성을 기준으로 아이디어에 대한 실행의 우선순위를 정하고, CRM 라이브러리(library)에 보관한다.

2) 캠페인 기획과 개발

- 채택된 캠페인 아이디어에 가설, 가치제안, 테스트 요소 등을 고려해서 캠페인 기회를 판단한다.
- 캠페인의 목적, 대상, 오퍼, 채널, 진행 프로세스, 재무효과, 담당자 등을 정하고, 캠페인 개발을 완료한다.

3) 캠페인 준비

- 전산 · 데이터를 준비하고, 필요시 기존 시스템과 연계(interface)한다.
- 관련 부서와 내부 커뮤니케이션을 한다.
- 캠페인 제작물을 생산하고, 관련 직원을 교육한다.

4) 캠페인 수행

- 사전 테스트 캠페인(pilot)을 진행하고, 개선점을 반영한다.
- 모든 접점에서 캠페인 준비(대상고객, 컨트롤 그룹, 스크립트, 제안 등)를 확인한다.
- 캠페인을 실행(rollout)하고, 모니터링한다.
- 필요시 캠페인을 수정한다.

5) 캠페인 평가

- 대내외에서 캠페인 관련 데이터를 수집하고 분석하여 결과를 기록한다.
- 발견점 등을 추후 분석, 모델링, 캠페인 기획에 반영한다.

(5) 영업자동화 프로세스

영업자동화(SFA)는 기존 영업 프로세스의 단순한 자동화와 전산화 차원을 넘어서 마케팅의 지원과 기존고객 유지 등 CRM 요소들을 반영한 영업 프로세스를 뜻한다.

1) 초기 영업기회의 영업기회화

- 초기 영업기회(lead)의 기준을 설정하고, 그에 따라 품질을

평가하여 영업기회화(opportunity)의 여부를 결정한다.
- 수집한 영업기회를 영업직원에게 적절히 할당한다.

2) 잠재고객의 접촉

- 영업기회에 따른 고객방문 횟수, 소요시간 등 고객접촉 기준을 마련한다.
- 고객과의 접촉일정을 수립하고, 접촉활동을 트레킹(tracking)한다.

3) 영업활동 수행 및 마감

- 영업활동의 표준안을 설정하고, 그에 따라 영업활동을 계획한다.
- 영업목표와 보상체제를 정하고, 영업목표를 할당한다.
- 영업활동의 수행을 기록하고, 영업기회 수행 진척도를 점검한다.
- 영업기회의 성공 전환율과 영업성과를 분석하고 보상한다.
- 고객대상의 오퍼의 표준화, 상품정보 제공 등 영업업무를 지원한다.
- 영업직원에 대해 실적관리·이직관리 등 관리업무를 한다.

4) 기존고객 관리

- 영업 후 고객 서비스를 시행한다.
- 영업직원별로 기존고객을 대상으로 전담고객을 지정하여 고객관계를 강화한다.

(6) 고객의 소리 프로세스

고객의 소리(VOC : Voice of Customer)는 고객 단순문의, 고객상담, 고객불만 처리, 고객민원 해결 등을 뜻하며, 서비스의 중요 영역이다.

CRM 측면에서는 전사 차원의 고객인지, 다채널에서의 일관된 고객경험 제공, 고객요구에 대한 신속한 대응이라는 명제와 연관되어 있다.

1) VOC 분류체계 수립

- 고객 그룹별, 채널별, VOC 속성별(예를 들면 해결 난이도 등)로 구분 기준을 설정하여 구분한다.
- VOC에 대한 정보를 체계적으로 관리한다.

2) VOC 통합처리 프로세스 제정

- VOC의 접수부서, 주무부서, 해결부서간의 VOC 통합관리 절차를 제정하여 관리한다. 예를 들어 접수부서에서 처리하기 힘든 VOC는 주무부서를 통해 해결부서까지 연계가 되고, 그 처리과정도 관리가 되어야 한다.

3) VOC 관리원칙 확립

- VOC 종류에 따라 처리요건(담당자 · 주기 · 처리방법 등)을 세부적으로 확립한다.
- VOC 정보에 대한 부서간 공유 원칙을 수립한다.

3. CRM 프로세스의 통합

CRM 프로세스를 통합하는 대표적인 유형은 다음과 같다.

① 부서간 협업을 하는 경우
② 채널간 고객 서비스를 통합해야 하는 경우
③ 한 단위업무가 다른 업무절차에 확장되는 경우

등이 있으며, 구체적인 사례는 다음과 같다.

유형 1) 콜센터로 상담을 하기 위해 인바운드 콜을 한 고객에게 상담원이 상담 후 적절한 신상품을 소개하고, 초기 영업기회화하여 영업직원에게 넘겨주는 경우

유형 2) 전일 인터넷에서 상품을 조회한 고객이 당일 콜센터 상담원과 통화시 조회이력이 상담원의 화면에 나타나 고객이 바로 그 상품에 대해 안내를 받을 수 있는 경우

유형 3) 고객분석 작업 결과가 영업현장에 실시간으로 전달이 되어 영업직원이 고객제안에 대한 결정을 내리는 것을 지원하는 경우

이러한 프로세스의 통합을 위해서는 고객관리 시나리오, 비즈니스 룰, 의사결정 룰, 데이터 검색 엔진, 업무처리 요건 등 많은 세부 프로세스의 준비가 선행되어야 한다.

또한 그에 따라 여러 종류의 데이터들이 통합되어야 하고, 전산 프로그램들이 연계되어야 하며, 업무흐름의 자동화(workflow)도 수정이 되어야 한다.

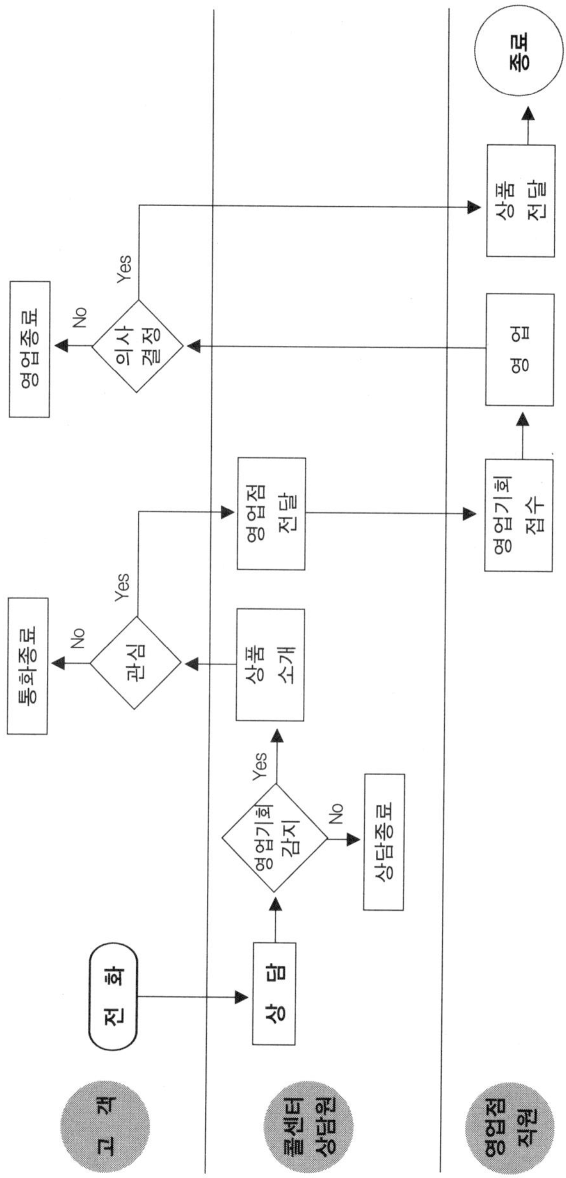

[그림 2-3] 영업기회 소개(referral) 프로세스 통합(예시)

4. CRM 프로세스의 관련 업무

CRM 프로세스와 관련된 업무는 우선 BPR이 있지만 양자간에는 성격상의 차이가 있다.

BPR이 기존의 백 오피스(back office)의 운영 프로세스를 좀 더 효율성 있게 개선하는 데 초점이 맞추어져 있다면 CRM 프로세스는 프런트 오피스(front office)의 고객과의 관계를 개선하는 목적이 더 강하다고 말할 수 있다.

또다른 프로세스 관련 업무로서는 BPM(Business Process Management), BRE(Business Rule Engine), BAM(Business Activity Monitoring) 등이 있다. 이들은 실시간 환경에서 의사결정을 가능하게 하는 프로세스도 미리 설정한 이벤트와 분석 정보를 실시간으로 통합하여 룰을 기반으로 모니터링을 하다가 해당 이벤트가 발생할 때 미리 정해놓은 행동을 취할 수 있다.

대표적인 예는 콜센터에서 고객의 전화가 폭주하는 정도에 따라 상담원의 개개인의 업무내용과 콜에 대한 할당량을 조정하는 업무이다.

2.6 CRM 인프라의 정비

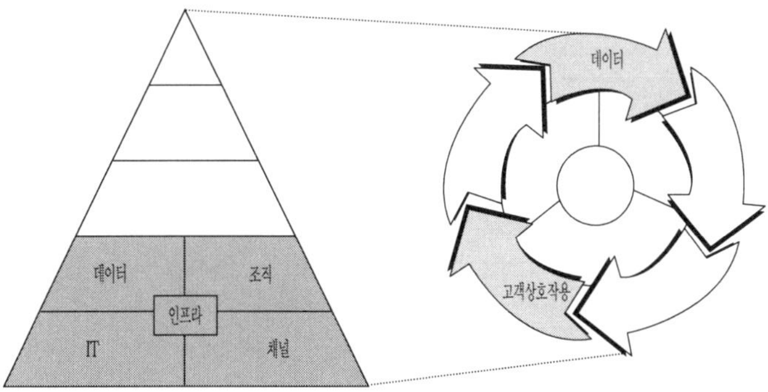

어느 프로젝트의 경우나 마찬가지이지만 인프라(infra)는 성공적인 결과의 전제조건이다. CRM의 경우도 데이터나 IT 등 인프라가 있어야만 그 존재가 가능하며, 특히 그 내용의 충실도가 확보되어 있어야만 효과적인 CRM이 가능하다. 애써 구축한 데이터와 전산 시스템이 오류가 많거나 사용자들이 외면하여 방치된다면 기업에게는 치명적인 일일 것이다.

CRM은 처음부터 여러 부서가 참여하여야 하고, 구현시에도 영업이나 서비스 현장에서 일하는 직원들의 참여가 절대적이기 때문에 양질의 역량을 갖춘 조직도 하나의 인프라로 간주할 수 있다.

고객접점의 확대로서 다양한 매체들의 계속적인 등장과 함께 소비자 행동 변화에 미치는 영향력을 고려할 때 이 책에서는 채널을 인프라의 범주에 포함시켜 살펴보기로 한다.

2.6.1. 데이터

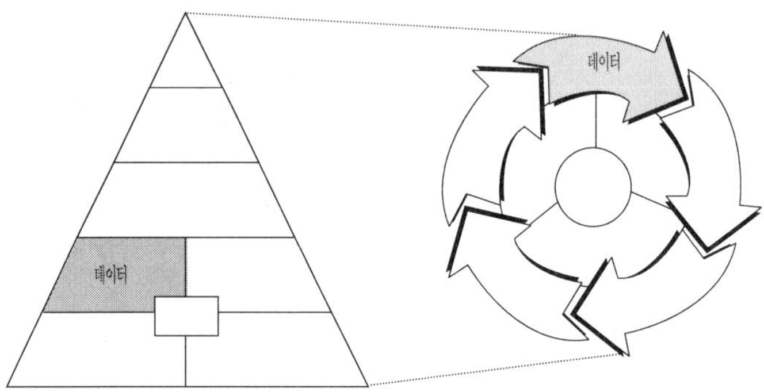

1. 데이터의 의의

기업의 데이터는 여러 가지 종류가 있으며, 매일 엄청난 양의 데이터가 생겨난다. CRM 관련 데이터 이외에도 관리회계·재무·인사 등 후방업무(back end)의 데이터뿐 아니라 일상업무를 처리하는 업무계 시스템으로 파생되는 거래 데이터들이 산재하여 있다.

따라서 기업은 항상 이런 데이터를 어떻게 운영할 것인가를 고민하고 대처해오고 있으나 그 관점은 대부분 시스템적 처리에 맞추어져 있다.

해외의 많은 조사에 따르면 고객 중심을 지향하는 기업의 공통점은 경영층에서 현장직원까지 데이터에 대한 중요성과 그것이 가져다주는 가치를 인식하고 있다는 것이다. 즉 데이터에 대한 시스템적 업무처리와는 별도로 경영층은 데이터에 대한 관리체제를 운영하고, 직원들은 현장에서 고객과의 접점에서 자연스럽게 데이터를 수집하고 공유한다.

또한 조직 전체에 데이터 활용을 적극 장려하는 마인드가 있으며, CRM 활동시의 데이터 활용 프로세스 등이 정립되어 있다. CRM에 있어서도 데이터는 CRM의 근간으로서 이로부터 고객이해가 시작되어 고객과제가 도출되고, 고객과의 상호작용이 원활해져 CRM의 목적을 달성할 수 있다.

그러나 현실적으로 데이터 부문은 그 복잡한 업무 성격과 광범위한 업무 범위로 말미암아 CRM 구성요소상의 중요성에도 불구하고 가장 소홀히 취급되는 분야의 하나가 되었다.

데이터 관리는 내용과 관리의 주체에 따라 〈표 2-6〉과 같이 다양한 양상을 보이고 있다.

기업이 당면하고 있는 데이터에 관련된 일반적인 현상은 전사 차원의 데이터 전략의 방향성의 모호, 데이터 관리 체제의 미흡, 현업과 전산간 관리주체의 불명확성, 현장직원의 비협조 등이다.

따라서 데이터에 대한 총체적인 이해가 절실히 필요한바 이 장에서는 데이터를 비즈니스와 시스템의 두 관점에서 균형있게 다루고, 성공적인 CRM 실행을 위해 각각의 관점에서 데이터의 활용과 관리를 중심으로 검토할 예정이다(이 책 전반에 걸쳐 쓰이는 '데이터'라는 용어는 문맥상 '정보'의 의미를 포함하고 있음을 전제로 한다).

〈표 2-6〉 데이터 관리에 대한 부서간 입장의 차이(예시)

현업부서			전산부서	
CRM 부서	기획부서	현장부서	CRM 지원부서	전사 데이터 관리부서
• 데이터를 활용한 CRM 활동 -필요 데이터 요건 개발 -데이터 분석 등	• 조직 내 정보 중시 마인드 확산 -정보관리팀 신설 -비즈니스 차원의 데이터 품질 관리 등	• 정보의 수집 • 정보의 갱신 • 정보의 업무 활용 등	• CRM 현업부서의 데이터 지원 -데이터 요건 이행 -CRM 마트 구축운영 -운영 CRM, 협업 CRM 관련 데이터 구축·운영 등	• 전사 데이터의 전산적 통합 관리 -거래·운영 데이터관리(양·보관주기 등) -전사 데이터웨어하우스 구축·운영 -전산 차원의 데이터 품질 관리 등

2. 비즈니스 관점의 CRM 데이터

CRM 데이터에 대한 업무를 시작할 때 기술적인 접근부터 하는 것으로 생각하는 경우가 많은데 이것은 잘못된 출발이다. 왜냐하면 우리가 이제까지 살펴본 CRM 목표·전략·과제의 범주 등을 고려한다면 “어떤 일들을 할 것인가?”라는 가설이 결정된 후 이를 달성하기 위해서 “과연 어떤 데이터가 필요할 것인가?”라는 질문부터 해야 하기 때문이다.

즉 고객분석에 어떤 데이터가 필요하며, 고객과의 접점에서 어떤 데이터를 수집할 것인가 등의 비즈니스적 요건이 없다면 기존 시스템에서 데이터를 어떻게 끌어오고, 어디에 데이터를 저장하는가 등의 업무를 다루는 시스템 상의 노력은 사상누각에 불과할 뿐이다.

또한 비즈니스 차원의 데이터의 요건이 선행되어야 추후 데이터의 구축범위·구축기간·갱신주기 등이 확정될 수 있다. 이때 데이터 요건을 내는 주체는 반드시 현업이나 CRM팀 등 비즈니스 부문이 되어야 하고, 전산 부문은 이를 효율적으로 지원하는 주체가 되어야 한다.

비즈니스 관점에서 데이터의 창조적인 활용은 수익창출의 기회나 비용절감의 기회를 가져온다. 그 구체적인 데이터 활용 사례로서 '세대정보'와 '그룹사 차원의 고객정보'의 활용을 들 수 있다.

'세대정보'는 세대주를 중심으로 배우자·자녀·부모 등 세대원으로 구성되며, CRM 상 매우 의미있는 데이터이다. 세대정보가 파악되면 추가판매나 교차판매가 가능하고, 고객관계도 강화되기 때문이다.

신용카드업의 경우 본인 카드에 부속하여 배우자 카드를 유치하려 하며, 은행에서도 세대단위로 고객의 신용정보를 통합하여 신용 리스크를 관리하기도 하고, 가족관련 상품도 개발하여 추천하기도 한다.

또한 소매업에서 고객의 장바구니의 구매상품을 분석해 세대의 라이프 스테이지를 파악하는 것과 세대 데이터를 통해 주소를 정리함으로써 DM이나 TM의 중복을 제거해 마케팅 비용을 줄이려는 노력도 이런 차원의 예라고 할 수 있다.

데이터 활용의 또다른 예는 최근에 확산되고 있는 '그룹사 차원의 고객정보'의 통합과 그 활용이다. 이는 각 개별사별로 고객관리를 하는 것보다는 그룹 차원에서 고객관리를 통합하고, 교차판매 등을 통하여 시너지 효과를 창출하는 것이 유리하다는 판단 아래 금융사나 일반 그룹사를 중심으로 고객정보의 통합작업이 활발히 진행되고 있다.

이외에도 금융사의 경우 자동이체나 급여이체, 아파트 정보 등과 같이 별도의 분석이나 가공 없이도 바로 마케팅에 활용할 수 있는 데이터들이 존재한다.

CRM 데이터는 유형에 따라 속성 데이터, 거래 데이터, 접촉 데이터, 외부 데이터, 분석 데이터로 분류하기도 하고, 내용의 형식에 따라 서술형 데이터, 행동형 데이터, 정황형 데이터(행동을 일으키는 동인으로 예를 들면 태도·만족도 등을 뜻함) 등으로 구분하기도 한다.

CRM 데이터는 수집된 후 분석을 통해 정보(information)로 변환이 되고, 비즈니스 가설이나 활동결과에 의해 의미가 부여되어 지식(knowledge)화되어 기업의 전사 지식(business intelligence)에 포함이 되어서 이용된다.

즉 데이터가 원천에 의해 발견된 상태의 사실(예 몇 월, 며칠 A씨가 상품 Z를 구매하였다)을 뜻한다면 정보는 요약·분석·통계처리를 통해 가공된 상태(예를 들면 "지난 3개월 동안 A씨는 Z를 5회에 걸쳐 100만 원의 규모로 구입하였는데 그 이유는 B로 추정되며, 앞으로의 예상 구매액은 50만 원이다")를 의미한다.

CRM에서 주로 사용하는 정보의 내용은 내부고객 정보, 외부고객 정보, 상품 정보, 고객상품 소유정보, 고객접촉 정보, 고객거래 정보 등이다.

CRM 상에서 데이터들은 분석 CRM, 운영 CRM, 협업 CRM에 걸쳐 광범위하게 활용되고 있다.

분석 CRM에서는 실제로 가설설정 작업이나 분석작업에 필요한 데이터의 소재를 파악하고, 중복 제거와 정합성을 따지며, 분석하기 용이하게 데이터를 정돈하는 작업을 하며, 운영 CRM은 분석 CRM으로부터 도출된 정보를 영업활동과 서비스 활동에 직·간접적으로 전달하며, 고객으로부터 반응을 이끌어 내어 새로운 데이터로 피드백한다.

협업 CRM은 여러 채널을 통한 고객과의 접점에서 데이터를 주고받으며, 분석 CRM과 운영 CRM에서 생성된 데이터들을 통합하여 각 채널에서 적절히 공유할 수 있도록 하는 것과 파트너와의 데이터 교환 등을 업무 주제로 삼고 있다.

3. 데이터의 관리체제

데이터의 활용을 효과적으로 하기 위해 데이터 관리 체제가 필요하며, 이는 데이터의 감지·획득·유지·조정 등 일련의 데이터 운영 사이클을 관리하는 프레임워크(framework)이다.

이러한 데이터 관리 체제와 관련해서 비즈니스적인 측면뿐 아니라 전산적인 측면을 동시에 고려하는 균형적인 입장을 취하는 것이 중요하다.

예를 들어 주소 변경이라는 같은 데이터 정제 작업에도 시스템 관점에서는 주소의 레코드를 표준화하여 기존의 데이터를 수정하고, 비즈니스 관점에서는 고객과 접촉하여 새 주소를 알아내어 수정하는 등 동시에 두 가지 방안이 강구되어야 한다.

데이터 관리 체제 구축은 우선 데이터 관리에 대한 가설 설정과 그에 따른 현황 파악을 하고, 이를 기반으로 관리 프로세스를 수립하여야 한다. 데이터에 관한 가설과 현황 파악을 위해 필요한 구체적인 질문의 예시는 다음과 같다.

데이터 감지

- 어떤 데이터가 어떤 원천에 있고, 데이터의 유형은 어떠한가?
- 특정업무를 위해 필요한 데이터가 존재하는가?
- 최근에 생성된 데이터들을 파악하고 있는가? 등

데이터 획득

- 어떤 데이터 항목을, 어느 정도의 양과 기간으로 모으는 것이 적절한가?
- 데이터가 적시에 공급되고 있는가?
- 현장에서 고객의 데이터가 허위로 입력되고 있지 않은가?
- 고객정보 수집을 위한 전사적인 이벤트가 있는가? 등

데이터 유지

- 데이터는 잘 맞는가?
- 부정확한 데이터로 야기된 문제와 손실을 알고 있는가?
- 갱신 시점에 데이터를 정확히 갱신하는가?
- 데이터의 보안과 프라이버시는 확보되어 있는가? 등

데이터 조정

- 데이터의 표준화에 대한 기준은 수립되어 있는가?
- 같은 데이터가 여러 곳에 중복되어 있을 때 그 중 어느 데이터를 사용해야 할 것인가?
- 부서간에 데이터가 잘 공유되고 있는가?
- 시스템 상 데이터의 추출·변환·통합·정제·확장·저장 등이 잘 이루어지는가?
- 시스템간 데이터의 흐름은 원활한가?
- 데이터 관리를 위한 지표를 운영하고 있는가? 등

데이터 관리 체제에는 데이터 획득 프로세스, 데이터 공유 프로세스, 데이터 포맷(format) 표준화, 데이터 접근(access) 관리 등 프로세스의 개선뿐 아니라 데이터의 가용성 및 정합성

확보를 위한 조직적이고 행동 기반적인 실행이 수반되어야 한다.

예를 들면 반송된 메일에 대하여 고객에게 바뀌어진 주소를 묻고, 시스템에 입력하고, 다른 부서에서 새로운 데이터 레코드(record)가 생겼는지 주기적으로 파악하는 등의 구체적인 업무를 실행하여야 한다.

CRM 데이터 관리의 이런 포괄적인 특성은 『Making the Invisible Visible』의 저자인 마천드(Donald A. Marchand)가 개발한 IO(Information Orientation) 모델에서도 잘 설명되고 있다.

그에 따르면 정보에 대한 기업의 역량은 크게 ① 정보기술, ② 정보관리, ③ 정보행동과 가치부문으로 이루어지며, 각기 고유한 업무영역으로 구분되어 있다.

'정보기술 부문'은 정보를 잘 활용할 수 있도록 시스템과 기술적인 지원, 네트워킹(networking) 등을 수행하는 영역을 말한다.

'정보관리 부문'은 정보의 라이프사이클, 즉 감지 · 수집 · 조직화 · 프로세싱 · 유지를 관리하는 영역으로서 실무자는 이를 위한 업무 프로세스, 직원교육, 데이터 품질 관리 등의 활동을 수행하여야 한다.

'정보행동과 가치 부문'은 정보의 효과적인 활용을 위해 조직원에게 가치를 심어주고 행동을 유발하는 부문으로서 정보의 중복화 제거, 비정형 정보의 정형화, 정보활동의 측정, 정보의 개방, 정보흐름에 대한 장애 제거, 적극적인 정보활용 권장 등의 내용을 포함하고 있다.

맥킨(John Mckean)도 그의 저서인 『Information Masters』에서 정보에 대한 관리를 개선하기 위한 방안을 제시하였는데 인력 · 프로세스 · 조직 · 문화 · 리더십 · 정보 · 기술 등 7개의 영역에서 총체적인 접근이 이루어져야 한다고 주장하였다.

그가 주장한 대표적인 업무의 예시는 다음과 같다.

인 력

- 관점 : 정보사용에 대한 직원 마인드(mind)와 역량
- 업무 : 전략 · 마케팅 · 분석 · 채널 · 프로세스 · IT 등 다방면의 전문가로 팀 구성 등

프로세스

- 관점 : 정보로부터 가치를 끌어내는 절차
- 업무 : 기존 정보 프로세스와 흐름 변경 등

조 직

- 관점 : 정보사용을 용이하게 하는 조직구조
- 업무 : 정보공유에 대한 명확한 보상 시스템 정립 등

문 화

- 관점 : 정보의 중요성을 인식하는 기업문화
- 업무 : 자신의 업무에 있어서 정보의 중요성을 인지하려는 직원의 신념 평가 등

리더십

- 관점 : 전부서에 정보의 중요성을 각인
- 업무 : 정보에 관한 명확한 역할과 지원(sponsorship) 행사 등

정 보

- 관점 : 정보 자체의 정확성과 가치
- 업무 : 정보의 품질 개선을 위한 계획과 실행 등

기 술

- 관점 : 거래정보와 의사결정 정보에 대한 균형적인 기술 지원
- 업무 : 기존 정보 시스템 업그레이드(upgrade) 등

이상에서 살펴본 바와 같이 데이터 관리는 결코 기술적인 업무나 일개 부서의 업무가 아니라 경영층의 주도하에서 전사적으로 참여가 이루어져야 하는 업무이다.

그러나 아직도 많은 기업에서 기술적인 관점에서만 대안을 강구하고 전산부서에 업무의 실행을 일임하는 것이 우리의 현실이며, 이는 시급히 개선되어야 할 것이다.

4. 시스템 관점의 CRM 데이터베이스

시스템은 비즈니스 관점의 데이터 요건을 구현시키는 역할(enabler)을 한다. 데이터와 관련된 시스템 중에는 데이터를 저장하고 처리하는 인프라인 데이터베이스 시스템이 필수적이다.

대량의 거래업무를 신속히 처리하는 목적의 운영계 데이터베이스 시스템과는 달리 CRM 데이터베이스 시스템은 정보를 탐색하고, 분석하며, 적시에 의사결정을 지원하는 목적에 적합한 정보계 데이터베이스 시스템에 속한다.

정보계 데이터베이스는 관계형 데이터 구조를 가지며, 데이터 테이블로 구성된 데이터 파일간의 결합과 분석을 가능하게 하는 특성이 있다.

CRM 데이터베이스는 논리적인 설계와 물리적인 설계를 거쳐 필요 데이터들을 확보하게 되면 확보된 개별 데이터들은 시스템적으로 중복 확인, 오류 정정, 데이터 보완 등의 작업을 마친 후 CRM에 활용되고 있다.

또한 CRM 데이터베이스의 경우 많은 데이터의 원천인 운영계 이외에도 고객과의 접점에서의 반응 데이터, 다른 부서에서 운영되는 시스템으로부터의 데이터, 필요에 의해 외부에서 들

여오는 데이터, 분석·예측 등을 통해 파생되는 추가 데이터, 시간의 흐름에 따라 관리해야 하는 이력 데이터 등 다양한 원천들이 있다.

시스템적 관점의 데이터베이스 활용의 기본적인 예는 MCIF(Marketing Customer Information File)로서 고객 데이터와 거래 데이터를 연결하여 마케팅 목적의 다차원적인 데이터베이스를 구축하고, 데이터를 입력·수정·검색·추출하여 마케팅 분석을 지원하는 도구이다.

MCIF가 확장되어 캠페인 툴 등까지 지원하는 데이터베이스 형태가 데이터 마트(DM : Data Mart)이다. 데이터 마트의 확장된 형태인 데이터 웨어하우스(DW : Data Warehouse)는 마케팅 데이터뿐만 아니라 전사 데이터를 취급하며, 이력 데이터(history data)까지 포함하고 있는 방대한 데이터베이스이다.

기업에 따라 사정이 다르겠지만, 데이터베이스와 관련하여서는 단순히 부서 위주의 마트 수준의 데이터베이스를 지속적으로 운영할 것인지, 데이터 웨어하우스를 운영할 것인지, 혹은 이들을 동시에 운영할 것인지 등이 결정되어야 한다. 이때에는 전사적인 시스템 구조와 기업의 데이터 관리 정책도 고려되어야 한다.

5. 데이터 품질과 고객 프라이버시

이 장에서는 데이터 상의 주요 이슈인 데이터 품질 관리와 고객 프라이버시(privacy)에 대해 간략하게 언급하기로 한다.

데이터의 품질은 비즈니스의 성패를 결정지을 수 있을 만큼 중요한 업무이며, 기업이 잘못된 데이터를 근거로 한 분석자료로 의사결정을 한다고 생각하면 이 문제의 심각성을 쉽게 실감할 수 있을 것이다.

데이터 품질이 저조한 주요 원인으로는 원천 데이터의 오류(예 고객의 신청서 기입시 허위내용 기재 등), 데이터의 입력 오류, 정기적인 데이터 갱신(update)의 미실시, 데이터의 추출·변환·가공·저장 등 시스템 처리상 에러 등을 들 수 있다.

또한 그 해결방법으로는 시스템 측면의 데이터 정제(예 기존 고객의 주소의 일괄 정비 등), 현업 담당자 대상 데이터 획득 및 갱신 프로세스의 개선, 데이터 품질 관리 프로세스(예 데이터 검증 등)의 도입 등이 있다.

데이터 품질 관리는 우선 데이터 품질 수준을 측정하는 것이 중요하며, 이때 판단기준은 데이터의 정확성·일관성·적시성·목적성 등이 있다. 데이터의 품질 관리도 역시 전산적인 방법과 업무적인 방법이 있으며, 이 두 방법의 조화로운 적용이 중요하다.

예를 들면 전산적으로 데이터 포멧의 표준화 등을 통해 데이터를 정제하였다 하더라도 누락된 데이터나 갱신하지 않은 데이터가 있다면 데이터의 품질상 문제는 여전히 남기 때문이다. 또한 영업현장이나 각 고객접점 채널에서의 양질의 데이터 품질을 원한다면 현장직원들이 입력을 용이하게 할 수 있는 프로그램을 제공함과 동시에 그들에게 동기를 부여하는 정책을 적용하는 것이 효과적일 것이다.

최근 신문지상에서 고객정보가 유출되었다는 기사나 저녁 시간대의 텔레마케팅을 제한하려는 움직임이 있다는 기사 등 고객 프라이버시와 관련된 기사를 자주 접하게 된다. 고객정보 유출 사건의 경우는 한마디로 말해 기업의 데이터 관리가 제대로 관리되지 않을 때 필연적으로 일어날 수밖에 없는 사건들이며, 그 결과로 고객은 커다란 피해를 입게 된다.

반면에 텔레마케팅 활동의 제한의 경우는 고객의 사생활을 보호하는 차원의 일로서 기업의 업무영위와 상충을 일으켜 그 결과로 기업이 단기적으로 손해를 입을 수 있다.

이 두 상반된 경우의 공통주제는 고객 프라이버시이며, 이 이슈는 기업의 단기적인 영업실적 제고와 장기적인 고객관계 정립이라는 현실적인 갈등구조가 내재되어 있다. 하지만 그 중요성에 비추어볼 때 앞으로는 기업이 모든 대고객 활동을 계획할 경우에는 반드시 고려해야 할 부분이다.

이를 해결하기 위해 기업 내부적으로는 고객정보에 대한 직원 접근의 차등화나 정보의 보안 강화 등 업무 프로세스나 시스템을 개선할 수 있다.

고객 프라이버시에 대해서는 현재 여러 가지 법적·정책적 대안이 논의되고 있다. 고객이 원하는 바를 적절한 채널을 통해 적시에 제공함을 표방하는 CRM을 담당하는 CRM 실무자들은 이런 제도적인 대안에 앞서 고객관계를 강화하는 차원에서 그 해결책을 스스로 고려해보는 것이 중요하다.

예를 들면

- 고객정보의 사용에 대한 고객의 사전동의를 고객이 충분히 알고 있는지?
- 기업의 특정 메시지에 대한 고객의 거부표현이 있었는지?
- 제품의 판매를 위해 너무 자주 고객을 접촉하고 있는 것은 아닌지?
- 일률적인 오퍼 제공의 형식을 개선하여 고객 스스로 기꺼이 기업과 대화할 수 있도록 하는 방법은 정말 없는지?
- 고객분석의 역량을 높여 정확한 타깃팅을 한 소규모 단위의 캠페인을 운영할 수 있는지?
- 고객 상담·문의 등 고객의 인바운드 행동을 영업에 자연스럽게 연관시켜 고객의 거부감을 줄일 수는 없는지?

등에 대한 응답을 스스로 할 수 있어야 한다.

6. 데이터의 운영

이상에서 살펴본 바와 같이 데이터 관리는 총체적인 접근과 강력한 조직의 의지와 실천이 필요하다. 이에는 비즈니스의 전략을 지원하는 데이터 전략 수립, 데이터 전략에 의한 데이터베이스 구축, 전사 차원의 통합업무 프로세스의 수립과 그에 따른 데이터 프로세스의 원활한 흐름 확보, 비즈니스와 전산간의 협업체제 확립, 조직의 데이터 관리 역량이 필수적이다.

이런 제반여건을 마련하기 위해서는 무엇보다도 데이터 관련 업무에 대한 장기적 계획을 수립과 추진뿐 아니라 전사적인 데이터 담당 전담부서를 만드는 것이 중요하다.

이 부서의 주요 역할은, ① 데이터 관리 체제와 프로세스의 수립과 그에 따른 측정, ② 비즈니스 구현을 위한 고객정보 관리와 운영(기술적인 부문 포함), ③ 정보관리 전략에 따른 부서간 업무조정 등이다.

개인정보 보호사례

금융사, 개인정보 마구 못 쓴다

앞으로 금융회사는 고객의 개인정보를 취득할 때 정보제공 대상 기관과 범위를 명확히 밝혀야 한다. 또 정보제공에 동의했던 고객이 나중에 중단을 요청하거나 성가신 전화 마케팅을 하지 못하도록 요구할 경우 이에 응해야 한다.

금융감독원은 이 같은 내용을 골자로 하는 '금융회사 등의 개인신용정보관리·보호 모범규준'을 연내에 제정, 내년 1분기 중 실시할 예정이라고 10일 밝혔다.

모범규준에 따르면 금융회사는 '개인 신용정보 제공·활용 동의서'에 정보의 종류와 제공기관의 이름·활용목적 등을 구체적으로 기재해야 한다. 예컨대 고객이 대출을 받으며 개인정보를 제공할 경우 은행측은 개인정보를 여신심사 및 사후관리에만 쓸 것인지, 상품판매 권유에까지 활용할 것인지를 명확히 밝혀야 한다. 또 은행연합회 등을 통해 다른 금융회사에 개인정보가 제공될 수 있다는 점도 분명히 해야 한다. 고객에게는 신용정보 제공사실 통보요구권과 신용정보 열람권, 정정요구권 등을 설명하는 별도의 안내문이 발급된다.

금융회사가 갖고 있는 고객정보를 다른 회사에 제공할 때에는 '보안관리 약정'을 반드시 맺어야 한다. 약정에는 제공된 고객정보의 제3자 제공 금지와 업무목적 외 사용금지, 정보유출 방지 및 폐기절차, 책임소재 및 제재내용이 구체적으로 명시된다. 카드회사가 배송업체를 통해 카드를 배달할 경우 고객의 주민등록번호나 카드번호의 일부를 비표 처리해 정보유출을 방지해야 한다.

금융회사는 또 고객이 본인의 신용정보 제공과 활용에 동의한 뒤

라도 본인 정보의 제3자 앞 제공을 중단하거나 성가신 전화 마케팅 중지를 요청할 경우 이에 따라야 한다. 고객이 정보제공 철회 및 전화 수신 거부를 요청하면 금융회사는 접수일로부터 1달 이내에 전화 마케팅 데이터베이스에서 신청인의 전화번호를 삭제해야 한다. 그러나 거래 안정성을 유지하기 위해 정보제공 철회와 전화 수신 거부는 계약일 3개월 이후부터 신청할 수 있고, 신청자도 본인으로 제한된다.

모범규준은 이와 함께 개인신용정보회사(CB)가 거래고객에게 1년에 한번 무료로 회사 홈페이지를 통해 본인 정보와 신용등급을 확인할 수 있도록 의무화했다. 고객이 모르는 새 금융회사들이 신용정보를 조회해 신용도가 떨어지지는 않는지를 본인이 알 수 있게 하기 위해서다.

금감원 관계자는 "모범규준이 시행되면 본인이 모르는 새 개인정보가 유출되거나 유통되는 일이 크게 줄어들 것"이라며 "동의 철회나 전화 수신 거부권 등 새로 도입되는 제도를 법적으로 뒷받침하기 위해 신용정보법 개정도 추진할 것"이라고 말했다.

개인 신용정보의 취득·활용 절차 엄격해진다
• 취득 때 - 개인정보 제공·활용 동의서에 정보의 종류와 제공기관 범위, 활용목적 적시 - 동의내용과 고객권리를 설명하는 '고객권리 안내문' 발급 • 활용 때 - 다른 회사에 개인정보를 제공할 경우 '보안관리 약정' 의무화 - 개인정보를 e-메일이나 디스켓으로 보낼 경우 암호화 - 카드 배송 때 주민등록번호나 카드번호 일부를 비표 처리 • 고객 통제권 강화 - 동의철회권과 전화 마케팅 거부권 : 계약 3개월 이후 본인이 신청할 경우 1달 이내에 데이터베이스에서 관련 정보 삭제

자료 = 금융감독원

『중앙일보』(2005.11 11), 나현철 기자

2.6.2. IT 시스템

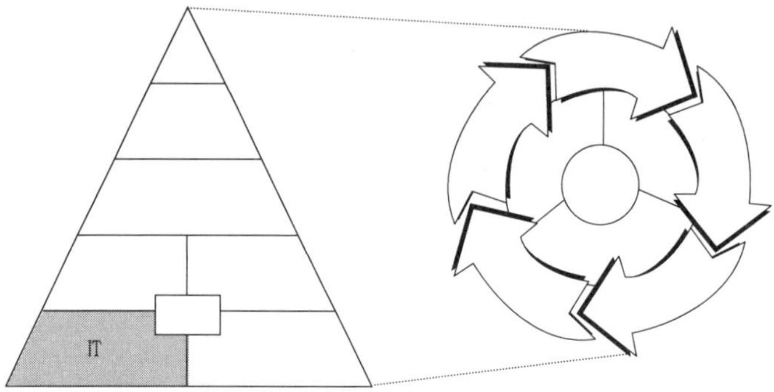

1. CRM과 IT 시스템에 관한 견해

견해 ①

CRM이 있기 이전에도 고객 중심의 사상과 비즈니스 기능이 부분적으로 존재하였지만 CRM은 시스템에서 비롯되었다. 시스템 개발자들은 늘 그러해왔듯이 마케팅 데이터베이스, 영업 프로세스 자동화, 캠페인 툴, 콜센터 지원 툴 등 초기의 개별 시스템들을 통합하는 한편 ERP 같은 후방업무 솔루션의 확장을 꾀함으로써 CRM이라는 또다른 수익모델과 용어를 만들게 되었다.

견해 ②

CRM은 고객과의 관계를 기반으로 수익을 최적화하는 업무목적을 가지고 비즈니스 차원에서 필연적으로 생겨났으며, 이의 구현을 위해 단순한 마케팅의 범주를 넘어 전사적 차원의 다양한 조직적 역량이 필요하게 되었다. 그 중 CRM 전략·과제·프로세스 등 비즈니스 요건을 수립하는 것이 가장 중요하며, 시스템은 그것을 지원하는 실행수단의 하나로서 역할을 하게 되었다.

비록 과장이 되기는 하였지만 위의 견해들은 CRM과 연계하여 IT 시스템의 정체성에 대한 상반된 의견들을 잘 보여주고 있다. CRM의 시작에 대해서는 마치 닭과 달걀의 예에서와 같이 논쟁의 여지가 있으나 ①의 견해에는 기대 이하의 CRM 효과와 관련하여 과거의 무분별한 시스템적 접근에 대한 반성이 숨겨져 있다면, ②의 견해에는 향후 CRM 추진시 반드시 지켜야 할 비즈니스적 보완에 대한 바람이 묵시적으로 반영되어 있다.

CRM의 발전은 IT 기술의 발전에 직접적인 영향을 받아왔으며, IT 시스템은 CRM을 구체적으로 구현시키는 중요한 수단(enabler)임에는 틀림이 없다. 하지만 이것에 너무 집착하였기 때문에 그 동안 많은 걸림돌이 있어온 것도 사실이다. 부분이 전체를 대신할 수 없듯이 IT 시스템이 CRM의 전체를 설명할 수 없기 때문이다.

이 장에서는 CRM IT 시스템에 대해 구체적으로 점검하되 기술적인 측면은 배제하고, 시스템 아키텍처, 데이터베이스, 응용 프로그램의 3가지 주제를 중심으로 살펴보기로 한다.

2. CRM 시스템 아키텍처

전형적인 CRM IT 시스템 아키텍처는 [그림 2-4]와 같이 데이터베이스 부문, 분석 부문, 운영 부문, 접점 부문으로 구성된

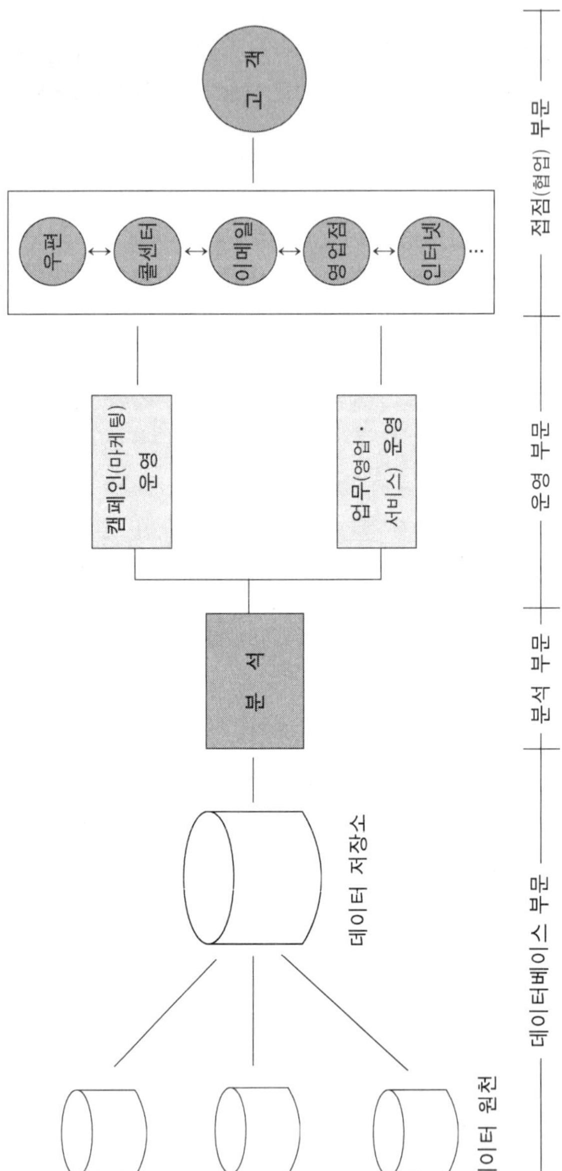

[그림 2-4] 전형적 CRM IT 시스템 구조도

다. 이는 고객을 이해하고, 모든 고객의 접점에서 고객제안을 중심으로 CRM 활동을 수행하는 CRM 상 기본적인 운영모델을 그대로 반영하고 있다.

'데이터베이스 부문'은 고객을 중심으로 데이터를 바라볼 수 있도록 정리정돈하며, 이를 분석 부문에 제공한다. 데이터베이스의 시스템 툴로서는 데이터 웨어하우스(data warehouse), 데이터 마트(data mart), MCIF 등이 있다.

이 중 데이터 웨어하우스는 마케팅 데이터뿐만 아니라 전사 데이터를 그 업무대상으로 하며, 과거 이력 데이터를 포함한 대형 정보 저장소로서 여타 데이터베이스의 정보원천의 역할을 한다.

'분석 부문'은 각종 통계 툴을 활용하여 데이터베이스에 위치한 데이터를 분석하여 그 내용을 리포트하거나 운영 부문과 접점 부문의 업무에 직접적으로 지원하는 부문으로 OLAP, 마이닝 툴, 마케팅 어낼리틱(analytic) 등의 시스템 수단들이 있다.

분석 부문의 업무 예로는 CRM 과제 생성, 고객가치 점수 산출, 영업직원의 영업활동 모니터링 결과 분석 등이 있다.

'운영 부문'은 고객에게 오퍼를 제공하는 등 CRM 활동을 실행하는 부문으로 기능적인 측면에서는 마케팅·영업·서비스 분야에서의 고객과 관련된 활동을 수행하는 것을 지원한다. 운영 부문의 시스템 수단으로는 캠페인 관리 툴, 캠페인 실행 툴, 영업자동화 툴(SFA), 콜센터 상담원 지원 툴 등이 그 대표적인 예들이다.

운영 부문의 업무 예로는 고객유치, 교차판매, 고객이탈 방지 등을 목적으로 하는 캠페인 실행, 영업직원의 영업기회 관리 지원, 고객 상담시 고객이해 관련 정보 지원 등이 있다.

'접점 부문'은 고객과의 커뮤니케이션을 지속적이고 원활히

하여 관계를 강화하려는 부문으로 각 개별 채널의 접점에서 고객과의 활동을 전체적인 입장에서 살펴볼 수 있게 하는 부문이다. 즉 각 채널은 여타 채널에서 일어난 고객과의 접촉활동들을 알게 됨으로써 단일고객 관점(one customer view)과 일관된 고객경험 (seamless customer experience)이 가능하게 된다.

접점 부문의 주요 시스템 수단으로는 미들웨어(middleware)가 있으며, 각 채널의 응용 프로그램(application)들을 통합하는 것이 그 주된 역할이다.

CRM 시스템 아키텍처도 발전되는 CRM 요건의 변화에 따라 적용을 해나가는 것이 중요하다. 이전에는 CRM 시스템의 내용이 부서단위의 업무기능의 단순한 자동화가 주가 되었다면 최근에는 전사 차원에서 분석·운영·접점간의 업무 프로세스가 확대되거나 연계되어 실시간으로 통합되는 추세를 보이고 있다. 이것은 비즈니스 요건이 복잡해짐을 의미하며, 상품이 다양해지고 채널도 다중채널이 생김으로써 업무구조와 프로세스에 변화가 오기 때문이다.

예를 들면 콜센터의 캠페인 실행 프로세스를 인터넷 채널로 확대하거나 최근의 데이터를 반영한 고객속성 분석자료를 고객과 상담중인 영업현장으로 바로 보내주는 것 등을 들 수 있다. 특히 업무의 프로세스를 룰(rule)화하거나 캠페인 운영을 개인화함으로써 기본적인 CRM 시스템 아키텍처 상에도 '룰 엔진(rule engine)'이라는 새로운 구성요소가 등장하게 되었다.

CRM 시스템 아키텍처에 따라 CRM 시스템을 구성하는 요소로는 하드웨어(hardware), 소프트웨어(software), 네트워크(network) 등이 있다. 하드웨어는 DB 서버(server), 디스크(disk) 등이 있고, 소프트웨어는 응용 프로그램인 CRM 패키지(package)와 DBMS(Database

Management System), OLAP, 마이닝(mining) 툴 등이 있다.

CRM 소프트웨어를 선택할 때는 업무처리 능력, 타 시스템간의 개방성, 사용 용이성, 구매가격, 유지비용 등을 그 선정기준으로 삼아야 한다. 네트워크는 CRM 시스템 구축 전에 점검해야 할 사항이며, 시스템 속도와 직결되는 중요한 인프라이다.

CRM 시스템의 구축은 방법에 따라 일괄적인 구축방법과 단계적인 구축방법이 있으며, 주체에 따라 자체 개발, 패키지 구입, 아웃소싱(outsourcing) 등으로 구분할 수 있다.

어떤 선택을 하든지 CRM 시스템 구축시에는 비즈니스 요건의 준비, 기존 시스템과의 연계, 구축 전 테스트 등을 충분히 고려하여야 한다. 그 결과로 시스템의 처리능력(performance)이 뛰어나고, 사용자들이 편리하게 쓸 수 있는 단순명료한 시스템이 될 수 있도록 하여야 한다.

시스템 구축 후의 시스템 운영도 중요한 부분이며, 시스템의 성능 모니터링, 사용자의 시스템 수용상태 파악, 시스템 버전 업그레이드 결정, 단계별 구축계획에 의한 시스템 구축의 구체화 등이 그 주요 업무이다.

CRM 시스템 구축과 운영에 관련한 또다른 주제는 총 소유비용(TCO : Total Cost of Ownership)이다. 총 소유비용은 CRM 시스템을 운영할 때는 하드웨어나 소프트웨어의 구입비뿐만 아니라 연간 라이선스 비용, 유지 수수료, 시스템 운영비(인건비, 추가 용량 디스크 구입비용 등), 기회손실 비용(예를 들면 시스템을 사용하지 않을 경우의 기존 사용자 교육비용 등) 등을 고려해야 함을 뜻한다

3. CRM 데이터베이스

데이터와 데이터베이스는 이미 많은 부분을 〈2.6.1〉절에서 다루었기에 이 장에서는 데이터 웨어하우스와 미들웨어에 대하여 간략히 살펴보기로 한다. 이들은 데이터의 전사적인 저장과 통합을 통해 CRM을 한 단계씩 발전시키는 중요한 역할을 주도하였다.

'데이터 웨어하우스'는 원천 데이터를 지속적으로 보관하는 인프라이며, 상세정보를 장기간 보유하고 있을 뿐 아니라 데이터 마트에서 생성된 데이터를 피드백받아 다시 저장하고 전사적으로 공유를 가능하게 한다.

데이터 웨어하우스가 존재하고, 그에 의해 CRM 데이터 마트가 데이터를 공급받는다면 데이터 원천의 단일화가 이루어진다. 이로 인해 데이터의 이동경로가 간결해지며, 전사적 데이터의 표준화와 정제 등의 업무가 데이터 웨어하우스 차원에서 이루어지게 되어 CRM 데이터 마트는 부서 단위의 제한된 목적을 가진 본연의 분석지원 업무에 집중을 할 수 있다.

이와 더불어 데이터 웨어하우스는 전사적으로 산재한 고객 데이터의 통합을 위한 인프라의 역할도 수행한다. 여러 장점을 가진 데이터 웨어하우스를 도입하는 것은 바람직하나 막대한 경비와 전사적인 노력과 시간이 필요하다.

또한 CRM 데이터 마트와 관련하여서는 데이터의 중복관리라는 논란의 소지도 있다. CRM 데이터 마트가 데이터 웨어하우스에 통합이 된다면 비용은 절감이 될 것이나 CRM 부서 입장에서는 데이터의 접근이나 사용상에서 큰 불편을 감수해야 할 것이다.

데이터를 전사 차원과 고객관점에서 통합한 역할을 하는 또 다른 시스템 수단으로 '미들웨어'가 있다. 기업 내부에는 상품이나 채널 단위의 여러 조직이 있으며, 그 조직마다 각기 다른 데이터베이스와 응용 프로그램을 사용하고 있다. 또한 고객의 입장에서도 자신이 선호하는 채널뿐만 아니라 여타 채널을 자유롭게 접촉할 수 있다.

이런 상황에서 미들웨어는 개별업무 단위의 장벽을 넘어서 채널들간의 데이터, 분석 CRM와 운영 CRM간의 데이터, 기존 시스템과 신규 시스템간의 데이터들을 통합할 뿐만 아니라 마케팅·영업·서비스의 응용 프로그램간의 업무 프로세스들도 전산적으로 통합한다.

따라서 기업은 미들웨어를 통해 전사적인 관점에서 좀더 진보된 형태의 CRM 활동을 하는 것이 가능하게 된다. 예를 들면 CRM 분석의 특정한 결과값에 따라 운영 프로세스를 자동적으로 이벤트화한다거나 공급 파트너의 업무와 자사의 업무 프로세스를 연계시킬 수 있게 된다.

데이터 웨어하우스나 미들웨어를 실제로 구축하는 것은 조직적으로나 기술적으로 매우 어려운 일이므로 사전에 조직간의 업무조정과 시스템 부서에 의한 여러 가지 기술적 대안들의 점검이 필요하다.

데이터 관리에 대한 시스템적 접근은 기획·획득·저장·유지·사용·피드백의 일반적인 관리 사이클로 설명할 수 있다. 우선 기획단계는 CRM 비즈니스 요건에 부합하여 논리적·물리적 데이터 모델을 설계하는 것이 중요하며, 이는 해당 데이터를 잘 찾아내고 그 흐름을 원활히 하기 위함이다.

획득단계에서는 데이터의 원천 파악·추출·평가·정제·변

환 작업이 수행되며, 저장과 유지 단계에서는 데이터의 통합·보관·갱신·폐기 등의 작업이 일어난다. 이 후 데이터는 보고나 의사결정 지원, 상품 개발, CRM 활동 지원에 사용되며, 새로운 데이터 등을 반영하는 피드백 단계를 거치게 된다.

4. CRM 응용 프로그램

CRM 구현의 단계가 발달해감에 따라 CRM 실행을 지원하는 소프트웨어인 응용 프로그램(application)도 더욱 다양해지고, 이들을 수용하여 CRM 활동에 효과적으로 활용하는 것도 기업의 CRM 역량이 되고 있다.

응용 프로그램은 자체 기능의 다양성뿐만 아니라 여타 시스템과의 연계의 용이성이 중요하다. 마케팅·영업·서비스의 각 기능상 가장 기본적인 응용 프로그램인 캠페인 툴, 영업자동화 프로그램, 고객 서비스 프로그램을 순서대로 살펴보기로 한다.

'캠페인 툴'은 크게 캠페인 관리 부문과 캠페인 실행 부문으로 구분된다. '캠페인 관리 툴'은 마케터가 다수의 캠페인을 기획·관리하는 것을 주목적으로 하며, 개별 캠페인의 등록·일정 관리, 타깃 고객의 등재·배포, 캠페인의 진행 모니터링, 캠페인 결과의 측정, 캠페인 라이브러리 운영 등의 주요 기능을 가지고 있다.

또한 캠페인 관리 툴은 고객선정과 사후분석 등 분석 부문과 매우 밀접한 관계가 있으므로 분석업무 프로세스와의 연계가 중요하다.

예를 들어 생일이나 기념일 등을 기준으로 한 간단한 타깃팅은 캠페인 툴에서 직접 수행할 수 있으나 고난도의 타깃팅은 마이닝 툴의 프로세스가 캠페인 툴에 연결되어 반영되어야 한다.

'캠페인 실행 툴'은 각 채널 단에서 캠페인을 수행하는 툴로서 캠페인 고객 대상의 선정, 스크립트 작성과 입력, 캠페인 수행내용의 입력, 고객정보의 조회, 캠페인 이력의 조회 등의 기능이 있다. 캠페인 툴의 원활한 운영을 위해서는 가급적 분석 데이터와 운영 데이터가 서로 분리되어 있는 것이 바람직하다. 또한 캠페인 툴 구축시에는 각 채널간의 데이터의 흐름도 막힘이 없도록 구축되어야 한다.

캠페인 툴은 최근 상품 위주의 한시적인 캠페인 방식에서 벗어나 고객과의 지속적인 커뮤니케이션이 강조되고, 이벤트 성격이 강한 캠페인의 성향을 반영하고 있다. 그 예로서 앞서 살펴본 '알고리즘'의 시스템적인 지원방법을 생각해볼 수 있다.

우선 알고리즘 실행과 관련된 데이터베이스로는 CRM 부서에서 기획한 비즈니스 룰인 '알고리즘 데이터베이스', 상품 등 대고객 제안을 정리해놓은 '상품정보 데이터베이스', 대상고객을 선정하는 '마케팅 고객 데이터베이스', 실행활동의 데이터를 보관하는 '알고리즘 실행 데이터베이스' 등이 있다.

시스템 측면에서의 알고리즘 진행 프로세스는 다음과 같다.

- 알고리즘 데이터베이스의 특정 알고리즘이 주체가 되어
- 주기적으로 마케팅 고객 데이터베이스를 검색하여 대상고객을 추출하고
- 그에 해당하는 제안을 상품정보 데이터베이스에서 합치시킨 후

- 알고리즘 실행 데이터베이스에 등록하고, 해당 채널로 고객을 할당한다.
- 해당 채널의 담당자는 알고리즘 실행지원 시스템으로 할당된 고객에 대한 알고리즘 활동을 실행하고
- CRM 마케터는 알고리즘 실행을 모니터링 시스템으로 점검한다.

'영업자동화 프로그램(SFA : Sales Force Automation)'은 후방지원(back end) 툴인 캠페인 툴과는 달리 전방 활동(front end) 툴이며, 고객과 기업뿐만 아니라 고객을 전담하는 영업 담당자라는 당사자가 개입하는 양상을 띠고 있다. 초기의 SFA의 관심은 기업과 영업 담당자의 관계가 주가 되어 영업활동의 표준화, 영업 생산성 향상, 영업인력의 관리 프로세스의 자동화 등 효율성 개선에 머물러 있었다.

하지만 CRM을 반영한 후에는 그 초점이 영업기회의 제공, 영업지원 정보 등을 통한 영업 효과성 개선까지 확대되었다. 뿐만 아니라 영업 담당자가 고객과의 관계를 강화할 수 있도록 고객관리 프로세스를 자동화하거나 캠페인을 실행할 수 있도록 하였다.

구체적인 기능의 내용으로서는 접촉 관리, 영업기회 관리, 고객 관리, 상담 관리, 업무지원 관리 등이 있다. 시스템 관점에서 본 SFA의 요건은 시스템 사용자의 여러 영업관련 툴들을 일원화하여 편리성을 부여하며, 영업과 관련된 고객정보와 타 채널들의 고객접촉 정보도 공유가 가능하여야 하고, 분석정보에 기반하여 영업활동이나 고객의 응대가 될 수 있어야 한다.

이를 위해서는 SFA도 운영계, 분석 시스템, 영업전담 시스템, 채널 시스템 등 타 시스템과의 연계가 중요하다.

'고객 서비스 프로그램'은 CRM의 반영 배경이 SFA와 비슷하나 콜센터의 특징, 즉 영업보다는 서비스를 주로 취급하며, 채널 자체가 대인이 아니라 전화를 이용하고, 주 인력이 영업사원이 아니라 상담원이라는 특징을 반영하고 있다.

또한 콜센터가 단순한 상담역할을 벗어나 고객접촉센터(customer contact center)화하는 추세를 반영할 때 고객상담 프로그램에서의 CRM 비중은 차츰 커지고 있다.

따라서 고객 서비스 프로그램도 콜센터 업무 프로세스의 자동화, 상담원 관리의 개선 등 업무 운영적인 면과 함께 캠페인 수행, 영업기회의 생성, 고객의 소리(VOC : Voice of Customer) 관리 등 CRM 활동 지원 기능을 포함하고 있다.

고객 서비스 프로그램도 타 시스템과의 업무 프로세스와의 통합이 필요할 수도 있는데 그 예는 CRM 과제 부문에서 언급한 콜센터의 인바운드 전화 고객으로부터 영업기회를 발굴하여 영업직원에게 소개하는 경우이다.

이 예에서도 콜센터의 업무 프로세스와 영업현장의 업무 프로세스가 연계되어서 영업과정과 결과의 모니터링 정보가 공유되어야 하고, 기존 상담원 관리 시스템과 연계되어 개별 상담원들에게도 자동적으로 인센티브가 지급되어야 한다.

이렇듯 CRM 응용 프로그램들은 상황에 맞는 새로운 요건들을 융통성 있게 수용할 수 있어야 하며, 타 시스템과의 연계가 중요하다.

5. CRM 시스템 관련 이슈

기업의 예산에는 한계가 있으며, CRM 시스템을 구축하는 것은 많은 투자가 요구되는 일이므로 CRM 시스템의 구축범위와 단계를 정하는 CRM 구축계획은 중요한 일이다. 이를 위해 비즈니스 요건을 최소한 3~5년 단위로 세우는 것이 필요하며, 그에 따라 데이터베이스 · 하드웨어 · 소프트웨어 등의 도입의 규모를 가늠해보아야 한다.

특히 기업에는 CRM 시스템만이 있는 것이 아니므로 기업 전체 관점에서 여타 시스템 투자 계획과도 조율해야 한다. 특히 시스템의 근간이 되는 운영계와 데이터베이스의 변경계획은 반드시 사전에 검토해야 할 사항이다. 많이 거론되는 CRM ROI 측면에서도 CRM으로 인한 비즈니스 효과를 예측하여 시스템 투자와 유지비용을 정당화하여야 한다.

CRM 시스템에 관련된 또다른 이슈는 시스템 운영의 주체에 관한 것이다. CRM 시스템 구축과 유지를 위해서는 현업부서와 전산부서, 현장부서와 지원부서, 관리자와 실무자 등 서로 다른 다수의 업무주체들이 모여서 장기간에 걸쳐 많은 의사결정을 내려야 한다.

CRM은 업무성격상 어느 한 부서가 주도하여 의사결정을 내릴 수 있는 것이 아니며, 일관적이고 객관적인 관리가 중요하다. 하지만 현실적으로 부서 사이에는 일종의 업무적인 견제로 인한 의견조율 과정이 필요하며, 경영자나 담당 실무자의 교체, 기업의 대고객 전략 수정, IT 운영체제의 변화 등 예상치 못한 일들이 발생할 수 있다.

따라서 CRM 프로젝트 초기부터 여러 해당부서가 참여하는 CRM 협의체를 만들고, 이를 통해 CRM을 운영하는 것이 매우 중요하다. 이 협의체의 성공을 위해서는 핵심부서의 빠짐없는 참여, 정기적인 모임, 전반적인 진행사항 점검과 함께 상위 레벨의 의사결정자의 개입이 필수적이다.

2.6.3. 조 직

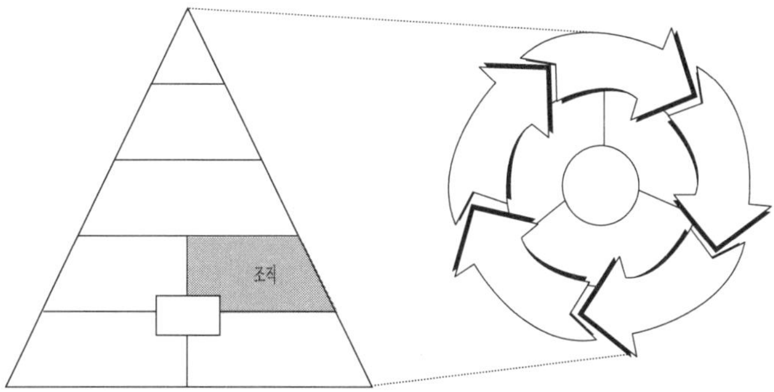

조직은 CRM 실행의 주체를 다루며, CRM 프레임워크 상 인프라의 중요 구성요소이다. 조직과 관련되어서는 조직구조, 인적 자원 관리, 평가와 인센티브 관리, 교육과 커뮤니케이션 등 다양한 주제들이 있다.

이 장에서는 조직구조, CRM 역량, 조직 내 커뮤니케이션(communication)에 대하여 살펴보기로 하며, 나머지 부분은 제3장에서 다루기로 한다.

1. CRM 조직구조

CRM을 실행하는 주체는 궁극적으로 전직원이 되어야 하지만 우선 CRM을 기획하고 관리하는 주체는 CRM 부서가 되어야 한다. 기업이 속한 산업의 유형, CRM의 발전단계, 조직의 특수성에 따라 차이는 있겠지만 CRM 조직구조에 관련한 대표적인 주제는 "조직 내에서 CRM 부서를 어디에 위치시킬 것인가?"와 "CRM 부서의 조직형태를 어떻게 운영할 것인가?"이다.

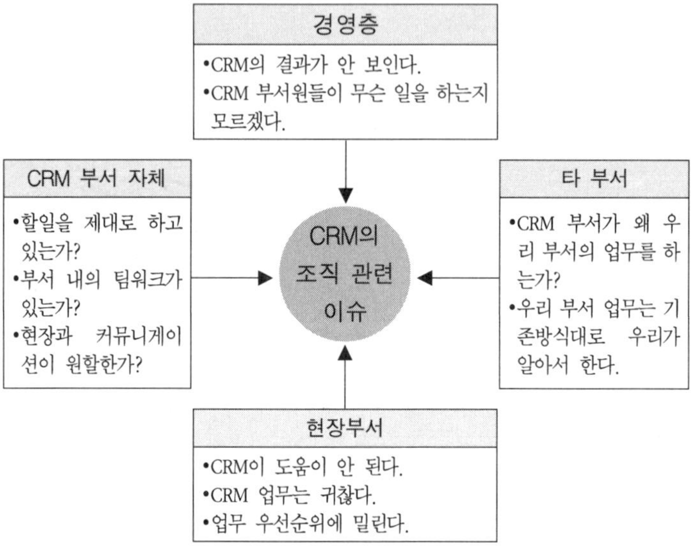

[그림 2-5] CRM과 관련된 조직 이슈의 전형적인 예

조직 내의 CRM 부서의 위치는, ① 전사적 차원에서 조직의 중앙에 두고 각 사업단위의 CRM을 관장하는 '집중형'과, ② 각 사업단위마다 CRM 부서를 두어 각 사업단위가 각자 CRM을 실행하는 '분산형'과, ③ 집중형과 분산형을 합친 '절충형'이 있을 수 있다.

집중형은 각 사업단위간의 CRM 업무조정이 가능하며, 분산형은 신속하게 CRM을 실행할 수 있다는 장점이 있다. 일반적으로 단기적으로는 분산형의 형태를 가지고 진행하다가 장기적으로 절충형의 형태로 변환하는 것이 바람직하다.

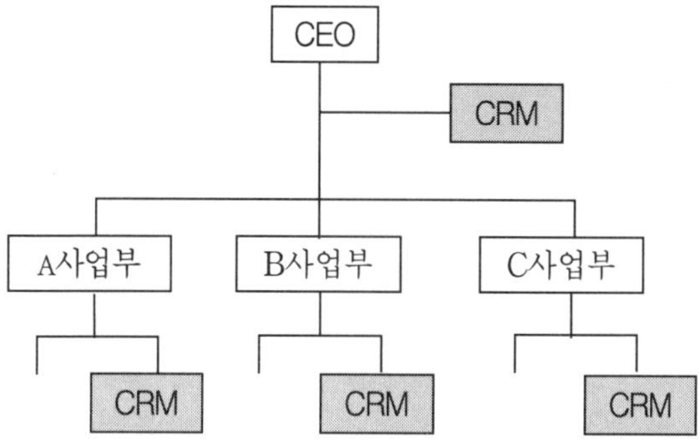

• 전체 조직 내 CRM 위치(절충형)

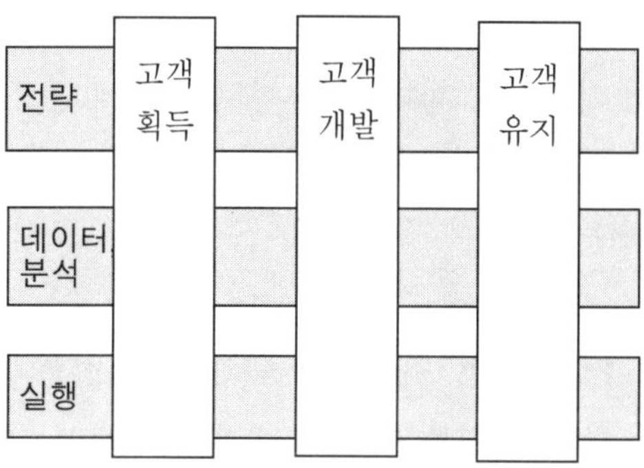

• CRM 내부조직 형태(절충형)

[그림 2-6] CRM 조직(예시)

절충형을 채택할 때는 사업단위의 CRM팀의 역할은 CRM 실행적인 측면이 강하며, 전사 CRM팀은 조직 내에 CRM의 확산, 사업단위 CRM에 대한 지원, 사업단위 CRM간의 업무조정, CRM 로드맵에 따른 CRM 프로그램 관리 등의 업무에 치중하여 사업단위의 CRM 부서와는 근본적인 역할의 차이가 있다.

CRM 부서 내부의 조직형태는 CRM 업무내용과 관련이 있다. ① 전략, 분석, 데이터 관리, 실행 등과 같은 CRM 기능을 기준으로 조직을 구성하는 '기능형'이 있는 반면, ② CRM의 관리 사이클인 고객획득 · 고객개발 · 고객유지별로 조직을 구성하는 '프로세스형'이 있으며, ③ 이들 두 형태를 합친 '절충형'이 있다.

절충형은 우선 프로세스형으로 횡적인 조직구조를 설정한 후 종적으로 기능형을 덧붙이는 형태이다. 즉 고객획득 담당자, 고객개발 담당자, 고객유지 담당자는 업무가 구분되지만 전략수립 담당자나 분석가 등은 프로세스의 구분 없이 공통으로 공유하는 형태이다. 예를 들어 분석가는 모든 고객획득 · 고객개발 · 고객유지의 분석업무를 담당한다.

이상과 같이 간략하게 CRM 조직구조와 형태를 살펴보았지만 이는 가장 기본적인 형태이며, 전사 조직의 구조에 따라 많은 변형이 있을 수 있다.

CRM에 관련된 또다른 조직적인 고려사항으로서 CRM 부서와 기존부서간의 역할에 대한 상충에 따른 CRM 부서의 위상정립이 있다. CRM 도입 이전에도 마케팅팀, 상품개발팀, 우수고객 관리팀, 각종 채널부서 등이 존재하였으며, CRM 도입 후에는 이런 기존의 영업이나 마케팅 관련팀과 CRM팀간에는 반드시 업무조정이 필요하다.

이 외에도 CRM 운영시 CRM 기획 · 실행 · 평가 · 지원의 세부기능을 조직적으로 분리시킬 것인가의 여부, CRM팀 이외에도 분석기능이 필요시 전사적으로 분석전담 부서를 통합하여 운영할지의 여부 등과 같이 크고작은 조직적 조정작업이 수행되어야 한다.

2. CRM 역량

조직구조가 결정되면 그에 따라 역할이 정해지고, 또한 그 역할에 의해 인적 자원이 할당된다. CRM의 역할을 수행하기 위해서는 각 역할에 맞는 역량(skill)의 정의가 필요하며, 그런 역량을 가진 인력을 찾아 CRM 부서를 구성해야 한다.

CRM의 역량은 CRM의 넓은 범위상 여러 방면의 역량이 요구되며, 그 주요 내용은 다음과 같다.

- **CRM 전략개발 역량**
  비즈니스 목적과 CRM 전략과의 연계, CRM 비전 제시, 고객세분화, 고객가치 산정, CRM 레버 관리 등
- **데이터(정보) 관리 역량**
  원천 데이터 발굴, 데이터 접근, 고객정보 갱신 등 고객정보 관리, 분석을 위한 데이터 모델링, 통합고객 데이터베이스 구축, 데이터 품질 관리 등
- **분석 역량**
  검색(query) 툴을 이용한 분석, 고난도의 통계분석 툴을 활용한 분석 등
- **CRM 과제 개발역량**
  CRM 과제 기획 및 우선순위 결정, 캠페인 프로세스 개발, 캠페인 커뮤니케이션 등
- **CRM 과제 실행역량**
  CRM 과제 실행부서와의 협업 및 실행관리 등
- **CRM 성과 모니터링과 측정 역량**
  CRM 성과지표 관리, CRM 결과에 대한 효과 분석 및 피드백 등

시스템 관리 역량

CRM 시스템 아키텍처, 데이터 흐름 관리, CRM 시스템 솔루션 선정 등

고객 접점관리 역량

채널 통합, 고객접촉 관리, 고객경험 관리 등

이런 CRM의 역량을 갖추기 위해서는 각 분야에서 전문성을 지닌 인력이 필요하며, 이들은 CRM 프로세스에 대한 이해, 프로젝트 관리, 커뮤니케이션 능력 등 일반적인 자질뿐만 아니라 해당업무에서 요구되는 전문성을 겸비하여야 한다.

CRM 부서의 주요 담당자와 담당자별 업무의 특징을 간략히 언급하면 다음과 같다.

CRM 부서장

CRM 프로젝트의 전반을 총괄하며, 이슈를 해결하고, 주요 사안에 대하여 의사결정을 내린다. CRM 전략 개발, 조직 내 업무 조정, 팀원 코칭(coaching) 등을 수행하며, 비즈니스 전반에 대한 이해와 전략, 분석, 마케팅, 영업, 서비스, 과제운영 및 실행 등의 경험이 많아야 한다.

캠페인 관리자[마케터(marketer)]

CRM 캠페인 과제를 개발하고 실행을 관리하며, 캠페인으로부터 얻은 지식을 피드백하고, 캠페인 결과를 측정한다. 일반적으로 현업 출신으로 상품이나 고객에 대한 지식이 많으며, 타 부서와도 업무협의를 하고, CRM 파일럿과 롤 아웃을 수행한다.

통계 분석가

분석작업을 기획하고, 통계 모델링과 툴을 활용하여 수행하며, 시사점을 도출한다. 적어도 경험이 많은 선임자가 1인 이상 있어서 비즈

니스 파트와 분석 파트간의 업무를 조정하며, 분석의 결과에 대한 일정 수준의 품질을 관리한다.

재무 분석가

재무 모델링을 활용하여 캠페인의 재무적 효과를 분석하고, CRM의 ROI를 계산하며, CRM 상 재무적인 이슈를 해결한다. 고객가치나 고객 수익성 산정시에는 조직의 재무·회계 부문과의 협업을 하여야 한다.

DBA(Database Administrator)

운영계나 각 데이터베이스로부터 원천 데이터를 파악하여 관리하고, CRM 데이터베이스 요건 정의 및 데이터 모델을 만들어 CRM 데이터 마트(분석마트·운영마트)를 구축하고 유지한다. 메타 데이터(meta data)를 관리하고, 데이터 코드를 표준화하며, 데이터베이스의 성능과 보안을 관리하기도 한다. 분석가나 캠페인 관리자의 요구에 따라 데이터를 조회하고, CRM 활동에 의해 생성된 데이터를 구축하기도 하며, 데이터의 정합성을 점검해 수정하기도 한다. 데이터 사용자와 전산부서 사이의 통역자 역할을 한다.

데이터 핸들러

통계 분석가들의 원활한 분석작업을 위해 데이터를 정리한다. CRM 마트에 구축된 각각의 테이블을 활용해 분석 담당자의 목적에 맞게 데이터를 만들어준다. 경우에 따라서 데이터 핸들러(data handler)의 역할을 DBA가 대신하기도 한다. 통계 분석가가 직접 이 역할을 하는 경우도 있으나 이는 바람직하지 못하다.

IT 관리자

CRM팀과 IT 부서간의 업무를 총괄하며, IT 솔루션을 추천한다.

채널 담당자

콜센터 등 특정 채널에서의 현업과 캠페인 등 CRM 과제를 진행하거나 CRM 측면에서 전사 차원의 채널 통합을 관리한다.

CRM 조정자

전사적인 차원에서 CRM 진행을 조정하고, 각 사업단위의 CRM 활동을 지원한다.

기 타

이외에도 캠페인시 각 채널의 실행 툴에 캠페인 스크립트를 장착하는 현장 프로그래머 등이 있다.

CRM 인력의 역량은 초급·중급·고급 등 차이가 있으며, CRM 인력을 구성할 때는 가급적 동일수준의 역량을 가진 인력으로 구성된 팀을 형성하는 것이 중요하며, 필요하다면 외부 인력의 투입도 적극적으로 고려해보아야 한다.

CRM 부서를 구성한 후에는 지속적인 교육 등을 통해 CRM 구성원의 역량을 배양하여야 하며, 담당자의 역량간의 차이(skill gap)를 없애야 한다.

3. 조직문화와 커뮤니케이션

적절한 조직구조를 갖추고 역량을 가진 인력을 찾는 것만큼 중요한 부문이 CRM 활동에 대한 조직적 관리이다. CRM은 조직을 고객 중심적으로 변환시켜가는 과정이다.

CRM 상 조직관리란 협의의 의미에서는 CRM 활동에 대한 측정 및 지표 관리, 인센티브 체제 관리, 직원교육 등의 업무를 말하며, 광의의 의미에서는 변화 관리, 조직문화와 커뮤니케이션 관리 등을 말한다.

이곳에서는 이들 중 조직문화와 커뮤니케이션에 관하여 간략히 살펴보며, 나머지 부분은 제3장의 CRM 실행 부문에서 다루기로 한다.

CRM을 시행하기 전에는 반드시 조직문화를 점검하여 조직의 CRM의 수용 여부를 따져보아야 한다. CRM 전략과 과제와 시스템이 완벽하게 준비가 되었더라도 조직원이 그것을 실행할 이유를 인식하지 못하거나 의지가 없다면 시간과 자원 낭비일 뿐이며, 심지어 조직에 혼란을 가중시키게 된다.

조직문화는 조직의 장의 의지에 절대적으로 영향을 받는다. 예를 들어 조직의 장이 단기적인 성과 위주의 정책을 펴거나 확고한 리더십이 없고 자주 교체되는 경우라면 CRM은 당연히 조직에 뿌리를 내리지 못할 것이다.

올바른 조직문화를 가진 기업은 CRM뿐만 아니라 어떤 프로젝트를 하더라도 조직원간에 프로젝트의 비전이 공유되고, 비즈니스 목적이 뚜렷하게 커뮤니케이션되어 프로젝트의 가치를 정확하게 인지한다. 나아가 프로젝트를 달성하기 위한 행동과 역할이 구체적으로 정해지고, 프로젝트 전후의 변화에 대한 이미지도 명확히 제시가 된다.

이러한 기업들은 내부의 커뮤니케이션이 원활하며, 조직원의 의견이 자유롭게 피드백될 수 있고, 이에 따라 중요한 정보가 적시에 일관성 있게 개방되어 조직원들간의 신뢰가 형성되는 특징을 가지고 있다. 또한 프로젝트의 계획에 근거하여 한 발 앞서 커뮤니케이션 계획을 세우고, 프로젝트 단계에 맞추어 커뮤니케이션이 실행된다.

조직문화와 커뮤니케이션은 CRM의 적용에만 국한되는 것은 아니며, 장기간에 걸쳐 구체적인 활동에 의해 조직에 흡수되어 형성된다. 따라서 CRM 실무자들은 자사의 조직문화의 특징을 감안하여 CRM 프로젝트의 진행을 준비하여야 할 것이다.

조직문화의 사례 ··················▶

"신한은행, 우리가 강한 12가지 이유"

신한은행엔 뭔가 특별한 게 있다.

신한은행이 자신들의 강점이라고 생각되는 12개 항목의 '신한 스탠더드'를 선정, 금융계의 관심을 끌고 있다. 신한 스탠더드는 한마디로 △기업문화 △제도 △시스템 분야에서 신한은행이 창조했다고 자부하는 '금융산업의 베스트 프랙티스(최상의 업무표준)', 신한 스탠더드에 금융계가 주목하는 것은 실제로 신한은행이 국내은행 중 최고 수준의 실적을 유지해왔기 때문이다.

신한은행은 1982년 은행 창립 이후 단 한 차례도 적자를 낸 적이 없다. 올들어서도 지난 9월 말까지 6,934억 원의 당기순이익을 냈다.

작년 동기(3,131억원)보다 121.4% 증가한 수준이다. 때문에 모 경쟁 은행의 행장은 최근 임원회의에서 "국내에서 우리의 벤치마킹 대상은 신한은행"이라고 선언하기도 했다. 신한 스탠더드는 이 행장이 말한 벤치마킹의 핵심 포인트인 셈이다.

◆ 독특한 문화

신한은행은 성장의 바탕이 된 특유의 기업문화로 '신한 문화, 주니어 보드, 고객만족 경영, 소수정예주의' 등 4가지를 선정했다.

'신한 문화'는 은행이 어려운 환경에 처했을 때 전직원이 공동체 의식을 갖고 위기를 돌파하려는 정신이다.

'주니어 보드'는 행원급 리더들로 구성된 선도적 조직이다. 여직원 리더들의 모임인 '갤포스'와 미래의 주역이 될 남자행원들의 모임인 '영 프런티어' 등이 이에 해당된다.

'고객만족 경영'에서도 신한은행은 국내은행 최초로 고객만족 지수를 도입하는 등 은행권을 선도해왔다.

'소수정예주의'는 창립 이후부터 지켜왔던 인사원칙이다. "주인의식을 가진, 필요한 사람만 쓴다"는 원칙이 직원 1인당 생산성 최우수 은행을 만들었다는 평가다.

◆선도적 제도

신한은행이 금융권에서 처음 도입해 지금은 전금융권으로 확산된 제도 중 여전히 신한은행이 우월하다고 판단되는 제도 4개를 선정했다. '종합업적 평가대회, 사업부제, 부서장 경영전략회의, 성과관리제도' 등이 그것.

이들 제도는 현재 대부분 금융회사들이 시행하고 있어 얼핏 보면 별것 아닌 것으로 비추어진다. 하지만 사업부제 등은 도입 초기엔 상당한 논란을 불러일으킨 적이 있어 이를 정착시킨 신한은행의 뚝심은 상당하다고 할 수 있다.

특히 '종합업적 평가대회'와 '부서장 경영전략회의'는 지금도 다른 은행이 따라올 수 없을 정도로 신한은행만의 독특함을 자랑하고 있다. 종합업적 평가대회는 신한 공동체 의식을 함양하는 신한 문화의 장으로 자리잡았으며, 부서장 경영전략회의는 리더 계층의 종합적 토론의 장으로 전통을 이어오고 있다.

◆선진적 시스템

신한은행이 금융권에서 처음으로 도입해 건전성과 수익성을 높이는 데 기여한 시스템 4개를 선정했다. 원 스톱 창구 설치를 골자로 한 새로운 개념의 영업적 체계인 'MRB 시스템'이 첫번째 스탠더드다. 또 기업금융 전문가를 위한 지원 시스템인 'SPURT 시스템'과 여신관리 시스템인 'CRM 시스템'도 선정됐다. 이밖에 건정성을 제고하고 사고를 예방해 민원이 가장 적은 은행으로 만든 일등공신인 '상시감시 시스템'도 신한은행의 오늘을 만든 요인 중 하나로 꼽혔다.

종 류	내 용	비 고
신한 문화	어려운 환경일수록 뭉치는 행동양식	독특한 문화
종합업적 평가대회	신한 공동체 의식 함양	금융권 처음 도입(83년)
주니어 보드	조직문화를 선도하는 행원급 리더 모임	금융권 처음 도입(82년)

고객만족 경영	고객만족지수 조사 등 체계화	다른 은행보다 우수
MRB 시스템	표준화되고 정보에 근거한 영업점 체계	금융권 처음 도입(99년)
소수정예주의	직원 생산성 최우수 은행의 동력	독특한 문화
사업부제	책임경영 체제 구축	금융권 처음 도입(99년)
부서장 경영전략 회의	리더 그룹의 종합토론장	금융권 처음 도입(84년)
성과관리제도	모든 구성원의 성과목표 설정·관리	다른 은행보다 우수
CRM 시스템	여신관리를 위한 상시 경보시스템	금융권 처음 도입(98년)
SPURT 시스템	기업금융 전문가(RM) 지원 시스템	금융권 처음 도입(2003년)
상시감시 시스템	영업점의 업무처리 상황 실시간 모니터링	금융권 처음 도입(99년)

『한국경제신문』(2004.11.13), 하영춘 기자

2.6.4. 채 널

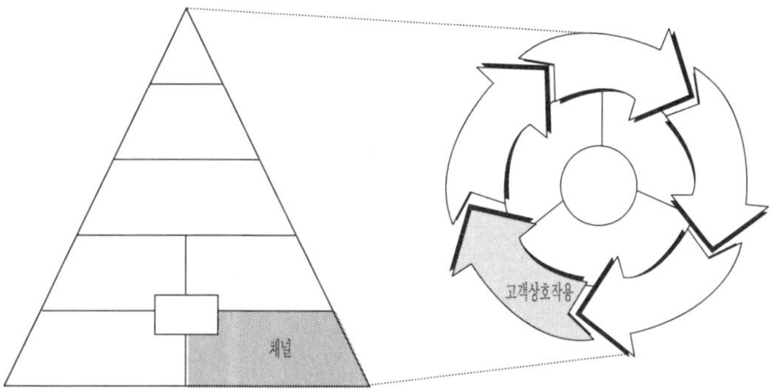

채널은 CRM 상 많은 의미를 가지고 있다. 상품과 서비스의 전달통로, 고객의 접촉과 커뮤니케이션의 창구일 뿐 아니라 고객과의 상호작용(interaction)을 통해 새로운 기회를 이끌어낼 수 있는 보물창고 같은 존재로서 향후 그 활용과 중요성은 배가될 것이다.

1. 채널 관리

채널은 고객·상품과 아울러 하나의 중요한 비즈니스 요소이다. 최근 들어 채널은 단순히 상품과 서비스를 고객에게 전달하는 수단의 역할을 넘어서 고객과 기업이 정보를 주고받으며 교류하는 장이 되어가고 있다.

또한 IT 기술의 발전에 의해 기존의 채널의 기능이 개선되고, 다양한 형태의 새로운 채널이 등장함에 따라 고객은 다양한 복수의 채널들을 자신의 선호에 맞게 사용하게 되었다.

은행의 경우 ATM은 현금 입출금은 물론 은행의 업무 전반을 취급할 수 있는 첨단의 자동화기기로 그 기능이 발전이 되었다. 또한 은행고객은 예금이체 등 단순거래는 인터넷 뱅킹 채널을 이용하지만 투자상품은 영업점을 방문해 투자상담 전문가를 만나서 상담을 하며, 신용카드의 불만처리를 위해서는 콜센터로 전화를 한다.

은행고객의 단순 입출금 거래를 기준으로 영업점의 창구직원과 ATM과 인터넷 뱅킹 등의 채널별 처리비용을 비교한다고 가정할 때 우리는 그 차이를 쉽게 상상할 수 있을 것이다.

이와 같이 채널은 고객행동이나 기업의 수익에 커다란 영향을 미치게 되었고, 기업의 입장에서는 좀더 신중히 관리를 해야 할 주요 비즈니스 영역이 되었다.

채널은 일반적으로 영업 성격의 채널과 서비스 성격의 채널, 물리적인 채널과 가상공간 채널, 담당자가 존재하는 채널과 셀프서비스 채널 등 일정한 특성에 의해 구분할 수 있다.

'영업점'은 주로 영업인력에 의해 운영되는 전통적인 채널로서 채널 유지 비용은 많이 소요되나 핵심고객에게 관계를 기반으로 고가의 상품을 판매하는 영업을 실행할 수 있는 장점이 있다.

반면에 '콜센터'는 상담원에 의해 운영되며, 담당업무가 서비스 처리의 성격이 강하지만 업무영역의 확대로 영업활동도 수행할 수 있다. 또한 영업점 등 타 채널을 보완해주거나 채널 통합을 주도하는 고객접촉센터(customer contact center)의 역할도 하고 있다.

'인터넷(internet)'은 대표적인 비대면 가상채널이자 쌍방향 커뮤니케이션 채널로서 편리하고, 채널 유지 비용이 저렴한 장점을 가지고 있으나 셀프 서비스 위주이며, 주 이용 고객층이 컴퓨터에 익숙한 젊은 고객군에 한정되어 있다는 단점도 가지고 있다.

채널 관리는 개별채널 관리와 다채널 관리로 나눌 수 있으며, 효과적인 채널 관리를 위해서는 이 양자를 균형적으로 수행하여야 한다.

앞서 살펴본 영업점 · 콜센터 · 인터넷 등 개별채널은 이전부터 별도의 목적하에 서로 다른 실행전략과 조직체제를 가지고 운영이 되어왔다. 개별채널 관리의 초점은 할당된 영업이나 서비스 상의 목표를 달성하기 위한 효율성이나 생산성의 개선에 맞추어져 있으며, 그것은 각 채널의 입장에서는 보면 당연한 일이다.

그러나 이러한 접근은 업무의 중복이 발생되며, 각 채널의 독자성으로 인하여 채널간의 업무가 서로 연계가 되지 않는 한계점을 가지게 되었다. 그로 인해 고객관리 측면에서도 동일고객이 각 채널별로 서로 다른 고객으로 인식되고, 채널간의 의사소통의 단절로 고객에 대한 서비스에 일관성을 가질 수 없는 등의 단점이 수반되었다.

따라서 기업은 다양해진 채널들에 대한 일괄적인 관리와 복수의 채널을 이용하는 고객에게 적절한 서비스를 제공하기 위해 채널간의 장벽을 가로지르는 '다채널 관리'의 필요성을 느끼고, 개별채널들을 통합하여 관리하게 되었다

2. 다채널 관리

CRM 관점에서 보면 다채널 관리(multi-channel management)는 고객에게 단일관점(one customer view)으로 일관적이고 즉

각적인 고객경험(seamless customer experience)을 제공하여 고객과의 상호작용을 활성화시킬 수 있는 장점이 있다.

또한 다채널 관리는 상품과 서비스 제공시 채널 믹스(mix)와 고객을 대상으로 채널 이동(channel migration)을 가능하게 하여 고객의 수익성을 개선시키는 역할도 수행한다.

다채널 관리를 위해서는 채널간에 데이터를 공유할 수 있는 체제가 구축되어야 하고, 마케팅 관점의 다채널 전략을 수립하는 것이 필수적이다. 즉 개별채널의 경제성(채널별 건당 매출, 건당 서비스 비용 등)과 고객의 채널 사용 형태(고객군별 선호 채널, 고객군별 채널별 주요 구매상품 등) 등을 분석하여 세분화된 고객에 따라 채널 서비스의 수준을 차별화하고, 전달할 메시지를 준비하여야 한다.

예를 들어 같은 상품이라도 채널별로 가격을 차별화하는 정책을 펴고, 우량고객에게는 고부가 가치의 채널의 이용을 유도하며, 저수익 고객에게는 저비용 채널 사용시 보상을 하여 채널 이동을 하도록 하여야 한다. 그 후 수립된 다채널 전략에 따라 새로운 업무 시나리오와 룰(rule)을 만들고, 기존 채널들의 역할을 재정의하여야 한다.

다채널 관리를 가능하게 하는 또다른 요소로는 조직·프로세스·시스템의 지원이 있다. 다채널 관리상 가장 위험성이 큰 요소는 조직적인 이슈이다. 전술한 바와 같이 개별채널은 조직에서 부여한 역할(role)과 책임(responsibility)의 조정이 없는 한 본연의 임무에 충실할 수밖에 없다.

예를 들면 콜센터 상담원을 대상으로 고객 상담시 영업기회를 발견하여 영업사원에게 전달하는 새로운 다채널 관련 과제를 부여할 경우 상담원에게 일 통화 수, 통화당 시간 등 기존의 상담목표를 그대로 적용하거나 영업기회의 최종 성공 결과에 따른 보상을 해주지 않는다면 다채널 협업의 효과는 기대할 수 없을 것이다.

따라서 다채널 관리를 위해서는 개별채널에 대해 전사적인 차원의 조직적인 조정이 선행되어서 새로운 협업체제를 수립하거나 성과평가 체제의 변화 등이 뒤따라야 한다.

다채널 관리에는 채널간에서 실행될 공동 업무의 프로세스의 도출이 필요하다. 앞의 예에서 상담원과 영업사원간에는 해당 영업기회를 전달하는 프로세스, 전달된 영업기회가 영업사원에 의해 진행되는 과정을 상담원이 모니터링할 수 있는 프로세스, 영업기회가 성공적으로 수행되어 상담원이 그에 따른 보상을 확인할 수 있는 프로세스 등 새로운 프로세스들이 빠짐없이 만들어져야 한다.

이런 업무들을 위해서는 시스템의 지원이 필수적이며, 신규 전산 프로그래밍뿐 아니라 기존의 데이터베이스와 각 채널에서 사용되는 응용 프로그램의 통합 등이 요구된다. 시스템 상 채널 통합작업은 앞의 장에서 언급한 '미들웨어'가 그 핵심적인 역할을 담당한다.

이외에도 다채널 관리는 규모가 크고, 장기간 많은 비용이 예상되는 작업으로서 시작하기 전에 사업계획의 확정과 소요 예산을 산정하는 것이 무엇보다도 중요하다.

3. 고객접촉센터

다채널 관리의 확장에 대한 대표적인 사례는 고객접촉센터(customer contact center)이다. 고객접촉센터는 기존의 콜센터에 DM, 이메일(e-mail), 인터넷(internet) 등의 비대면 채널을 통합하여 고객에게 표준화되고 개인화된 원 스톱 서비스(one stop service)의 제공을 표방하고 있다.

또한 고객접촉센터는 원활한 고객접점 활동을 통해서 고객의 니즈를 파악하고, 그에 따라 상품과 서비스를 제공하며, 고객과의 대화를 개선하고, 고객정보를 일괄적으로 취급하려는 목적을 가지고 있다.

기존 콜센터를 중심으로 고객접촉센터가 구성되는 이유는 이미 상담원을 중심으로 한 인력 운영체제와 고객 데이터베이스, 시스템 등 기술적인 인프라가 이미 구축되어 있고, 고객을 대상으로 인바운드와 아웃바운드의 양방향으로 서비스·마케팅·영업 활동을 해왔기 때문이다.

고객접촉센터의 또다른 특징은 상담원이 처리할 수 없는 고객 문의나 상담의 경우에도 본부나 해당부서에 직접적으로 연결하여 신속히 처리하는 업무체계를 들 수 있다. 고객접촉센터는 본질적으로는 서비스 채널로서 시작을 하지만 마케팅이나 영업 활동의 역할의 비중이 점차 커져가며, 궁극적으로는 이익센터(profit center)로의 전환을 모색한다.

따라서 고객접촉센터에서는 단순한 고객응대와 영업지원의 차원을 넘어 복잡한 상품 및 서비스에 대한 수준 높은 응대뿐 아니라 교차판매나 고객이탈 방지 등과 같은 CRM 과제의 실행센터의 역할도 하게 된다.

고객접촉센터에 관련되어서는 이 책의 부록(콜센터와 고객접촉센터)에서 좀더 상세히 다룰 예정이다.

콜센터 사례

콜센터는 알고 있다. 당신의 모든 것을…

"고객님, 보통예금통장에 돈이 방치되어 있네요. 적립식 펀드로 굴려보는 건 어떨까요?"

"고객께선 매년 6월마다 해외여행을 떠나셨군요. 올해엔 저희 은행의 환전(換錢) 이벤트를 이용해보세요."

지난달 30일 A 은행의 서울 콜센터 여의도 지점. 100여 명의 상담원이 헤드셋을 끼고 고객과 통화하고 있다. 바로 앞 컴퓨터 모니터 화면에는 통화중인 고객의 이름, 주민번호, 주소, 직장, 직위, 대출금, 예금액, 가입중인 금융상품 등 개인정보들이 쭉 나열되어 있다. 승용차 종류, 아파트 평수, 카드 사용처, 취미, 투자성향까지 기재된 고객도 있다.

30대 중반의 한 여성 상담원은 "우리가 콕콕 집어내서 재테크 상담을 해주니깐 어떤 고객은 '아니, 점쟁이처럼 어떻게 잘 아느냐고 놀라더라'고 했다."

◆ 콜센터는 고객정보 집합소

금융회사 콜센터는 '고객의 모든 것'을 알고 있다. 고객들 자신도 외우지 못하는 개인정보들을 샅샅이 파악하고 있고, 풍부한 정보량을 토대로 고도의 분석기법을 이용해 고객을 세세하게 분류해놓는다. 고객의 자금능력과 입맛에 맞는 상품을 골라서 판매성공 확률을 최대한 높이는 '핀셋 마케팅'이다.

이처럼 콜센터에 방대한 개인정보가 집중되는 것은 지주회사 체제 덕분. 최근 은행·보험사·증권사·카드사 등이 지주회사라는 우산 아래 묶이면서 이들 금융회사들이 갖고 있는 개인정보가 모아져 콜센터로 합류되고 있다. B은행의 콜센터 책임자는 "특히 카드사가 갖고 있는 정보의 양과 질은 다른 금융회사의 정보를 압도한다"며 "은행들이 LG카드를 인수하려고 덤비는 것도 그런 정보를 노린 것일 수 있다"고 말했다.

콜센터들은 실핏줄처럼 뻗어 있는 금융회사 지점 직원들로부터도 각종 고객정보를 수집한다. 예컨대 상담중인 고객의 자녀가 유학중이라거나, 어떤 급여이체통장을 사용하고 있는지 등 시시콜콜한 정보도 상품을 판매할 때는 큰 도움이 되기 때문이다.

◆ 중산·서민층 고객을 노린다

콜센터의 집중공략 대상은 예금 500만~3000만 원 정도의 중산·서민층 고객. 금융회사의 PB(프라이빗 뱅커)들은 여유자금이 많은 고소득층에게 자산관리 상담을 해주기 때문에 중산·서민층의 경우 재테크 상담을 제대로 받기가 어려운 게 현실이다.

콜센터는 이런 틈새시장을 노린다. 콜센터 상담원이 상품을 권유한 후, 고객이 15일 이내로 직접 은행을 찾아가서 해당 상품에 가입하면 콜센터의 실적으로 잡힌다. 100명과 통화하면 3명꼴로 성공한다. 콜센터가 개인정보를 활용해 마케팅을 하는 것은 법적으로 문제가 없다. 금융회사들이 상품을 팔 때 고객들로부터 활용목적 등에 대해 동의를 얻은 개인정보를 콜센터에 넘겨주기 때문이다. B은행 콜센터 책임자는 "상담원들의 보안의식 강화에 무엇보다 신경을 쓰고 있다"고 말했다.

◆ 콜센터로 모이는 고객 개인정보

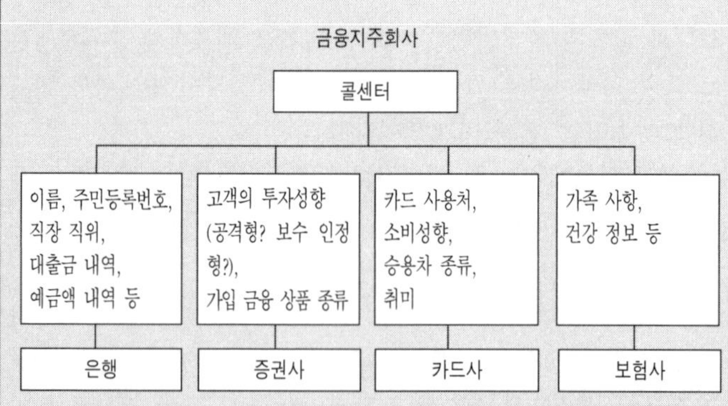

『조선일보』(2006.6.12). 신지은기자

4. 고객 상호작용

CRM 프레임워크를 다룬 〈2.2〉절에서 언급하였듯이 이 장에서는 데이터-고객이해-고객제안-고객 상호작용-고객관계의 CRM 활동 사이클 중 고객 상호작용(interaction)에 대하여 알아보기로 한다.

고객 상호작용은 채널과 밀접한 관계가 있다. 전술하였다시피 채널은 CRM에 있어서는 고객에게 오퍼가 전달되는 경로이자 고객과 기업이 교감하는 장이다. 고객 상호작용의 속성은 쌍방향 커뮤니케이션이며, 기업으로부터의 우호적인 교감과 긍정적인 상품과 서비스 경험은 고객과의 관계에 좋은 영향을 미친다. 즉 기업이 고객과 대화할 때마다 고객을 인식·기억하고, 고객과의 상호작용이 많을수록 고객과의 관계도 더 깊어진다.

특히 이때 상호작용의 양도 중요하지만 그 질도 중요한데 고객의 니즈에 부합된 상품 제안이나 개인화된 서비스의 제공이 중요하며, 채널별로 분산되고 비연속적인 상호작용이 아니라 일관된 메시지를 통합한 형태를 가져야 한다.

예를 들면 기업이 고객과의 이력정보를 제대로 관리하지 못하여 전일에 콜센터와 통화한 내용을 금일 영업점의 영업직원에게 되풀이해서 설명해야 한다면 고객은 큰 불편함을 느낄 것이다.

또한 고객과의 상호작용시에는 고객으로부터 많은 데이터를 얻을 수 있으며, 기업의 마케팅 활동에 대한 고객의 반응도 감지할 수 있다. 다시 말해 고객은 채널을 통해서 상품과 서비스를 한번 구매할 뿐 아니라 거래를 지속하고, 문의를 하며, 불만 처리를 요청하기도 하며, 캠페인에 반응하기도 한다.

따라서 기업의 입장에서는 고객이 접촉하는 모든 채널과 그 접촉내용을 관리한다면 고객에 대해 많은 정보를 얻을 수 있다. 즉 각 채널에서 보여주는 고객의 행동(거래형태, 상품 사용, 고객 접촉, 반응 등)과 고객의 속성을 연결시킴으로써 고객에 대한 이해를 넓혀갈 수 있다.

그리고 이런 정보들은 궁극적으로 고객에게 보다 나은 제안이나 서비스를 제공하는 기회를 만들거나 채널 비용, 서비스 비용의 적정화를 통해 비용을 절감시키는 데 도움을 줄 수 있다.

많은 CRM 프로젝트에서 고객과의 커뮤니케이션의 부문이 간과되어 있으며, 따라서 고객과의 상호작용도 마찬가지로 제대로 인식되지 못하고 있다. 일반적으로 기업이 CRM을 운영할 때는 특정 벤더(vendor)의 응용 프로그램을 그대로 도입하거나 기업 위주의 일방적인 캠페인 과제를 실행하는 등의 활동에 관심이 더 많기 때문이다.

그러나 광고와 마찬가지로 CRM은 고객과 반복적으로 발생되는 또다른 형태의 커뮤니케이션 행동이라 간주되어야 하며, 그 커뮤니케이션의 과정에서 자연스럽게 CRM 활동이 연계되어야 한다.

따라서 CRM 실무자들은 앞으로는 이러한 CRM의 본질적인 의미를 조직 내에 잘 전달하여 이해를 시키는 노력을 지속적으로 기울여야 한다.

고객 상호작용과 관련해서 알아두어야 할 CRM 개념들로서는 고객접촉(customer contact), 고객대우(customer treatment), 고객경험(customer experience) 등이 있다.

고객접촉이 고객의 니즈를 찾아내고 교감하는 부문에 초점이 맞추어져 있다면 고객대우는 고객에게 적합한 행동을 제공하는 부문에 보다 강조점을 둔다. 고객접촉은 여러 고객접점에서 수집된 고객정보를 통해 고객이해를 끌어내고, 각 채널에 이를 전달하거나 고객의 제안에 반영시키는 업무가 주가 된다.

반면에 고객대우는 고객의 니즈와 고객의 기업에 대한 기여도, 향후 잠재력, 채널 선호도 등을 고려해 어느 정도의 서비스 레벨로 고객을 대하는 것이 좋을지를 가늠하는 데 그 초점이 있다.

또 고객을 실시간으로 대우하기 위해 어떤 상호작용의 프로세스와 그에 따른 비즈니스 룰(rule)을 만들어낼 것인가 등에 관련된 업무를 실행하는 것을 의미한다.

고객경험은 서비스와 채널에 관련된 용어로 고객이 모든 채널에 걸쳐 고객에 대한 통합된 시각으로 일관적인 상호작용을 하는 것을 추구하며, 이는 고객만족이나 고객유지에 영향을 미치고 있다.

고객경험은 CRM의 영역을 벗어나 현재 CEM(Customer Experience Management)이라는 독자적인 영역으로 전개되고 있다.

2.7
CRM 엔진의 가동

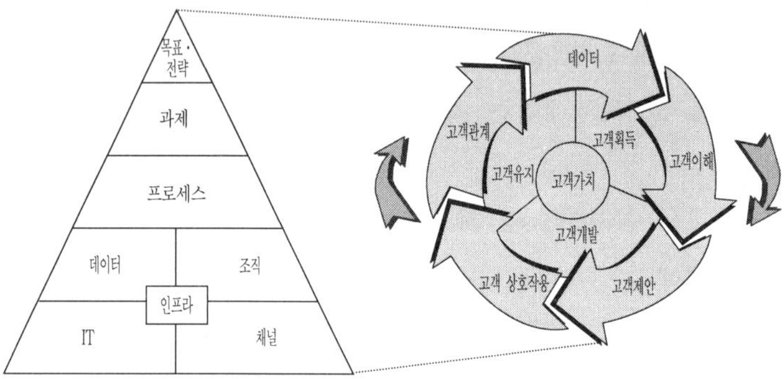

우리는 〈2.1〉절에서 〈2.6〉절에 걸쳐 'CRM 체제 구축'의 구성요소, 즉 CRM 목표·전략·과제·프로세스·인프라를 차례로 살펴보면서 동시에 'CRM 활동운영'의 구성요소도 함께 다루었다.

CRM 활동운영을 기준으로 본다면 고객가치와 ADR은 〈2.3〉절에서, 고객 데이터는 〈2.6〉절에서, 고객이해와 고객제안은 〈2.3〉절에서, 고객 상호작용은 〈2.6〉절에서, 고객관계는 〈2.3〉절에서 각각 다루어졌다.

그러나 각 CRM 구성요소는 설명되었을지라도 전체적인 관점에서 CRM 활동운영에 대해 알아볼 필요가 있을 것으로 사료된다.

1. CRM 활동운영의 의의

이 책의 줄거리가 되는 CRM 프레임워크를 다시 한번 되돌아보기로 한다. CRM 체제가 'CRM의 구조(틀)'를 말하며, 평면

적이고 정적인 것에 반해 CRM의 활동운영은 'CRM의 구동(움직임)'을 다루며, 입체적이고 동적이다. 따라서 두 부문에서 모두 다루고 있는 동일한 주제라 하더라도 그 뉘앙스가 다르다.

예를 들면 데이터의 경우 CRM 체제에서의 데이터는 정보의 중요성에 대한 직원의 인식과 정보관리 체제 수립에 그 비중이 있고, CRM 활동운영상의 데이터는 좋은 품질의 데이터를 어떻게 유지할 것이며, 그 흐름을 어떻게 하면 원활하게 할 것인가에 초점이 맞추어져 있다.

또한 앞 페이지의 CRM 프레임워크의 도표상에서 CRM 체제와 CRM 활동운영이 서로 사선으로 연결된 것은 CRM 체제가 정적인 상태에 머물러 있지 않고, CRM 활동운영에 전적으로 반영되어서 구동이 되어야 한다는 의미를 표현한 것이다.

즉 CRM 체제에서 만들어진 전략과 과제나 준비된 프로세스와 인프라 등이 CRM 활동 사이클에 실제적으로 녹아들어서 실행과 연계가 되어야 한다는 뜻이다.

따라서 우리는 CRM 구성요소에 생명력을 불어넣고, 그 결과로 CRM 활동이 지속적이고 반복적으로 선순환의 방향으로 움직일 수 있도록 하여야 한다. 이런 과정이 잘 이루어져야만 향후 고객접점의 현장의 직원들에게 CRM의 실천을 떳떳하게 요청할 수가 있을 것이다.

CRM 활동운영은 고객가치를 중앙축으로 하여 고객관리 사이클이 돌아가며, 그 주변으로 CRM 활동 사이클이 순환되고 있는 형태이다. 즉 현재가치와 미래가치·잠재가치를 포함한 고객의 가치는 모든 CRM 활동의 근간이 되어야 하고, 고객관리의 획득·개발·유지의 각 단계별로 세부전략의 과제와 프로세스들이 끊임없이 생성되고 실행되어야 한다.

이를 위한 방법으로서 데이터를 수집하여 분석을 통해 고객 이해를 하고, 적절한 제안을 하며, 고객과 상호작용을 하면서 고객과의 장기적인 관계를 구축해나가는 과정을 반복해나간다.

이렇듯 CRM 활동운영은 마치 커다란 바퀴를 움직이는 일과 같아서 일단 가동시키는 것이 중요하지만 그 후 그것이 멈추지 않도록 지속적으로 구동을 시키는 것도 마찬가지로 중요한 일이다.

2. CRM의 엔진

앞에서 살펴본 바와 같이 CRM 프레임워크 상 'CRM 활동운영'은 CRM의 틀, 수행업무, 제반 인프라를 준비하는 'CRM 체제 구축'과 최종적으로 고객접점의 현장에서 CRM을 실천시키는 'CRM 현장실행'의 사이에서 'CRM의 엔진(engine)'의 역할을 한다. 만약 CRM 엔진이 없다면 CRM 체제는 전혀 움직임이 없을 것이며, CRM 현장실행에는 그 실체와 결과가 존재하지 않을 것이다.

사람에 비유하자면 CRM 체제는 몸체이며, CRM 활동운영은 심장과 혈액이며, CRM 현장실행은 손과 발이 하는 구체적인 행위와 그 결과라고 할 수 있다. 이러한 CRM 엔진을 좀더 효율적으로 구동시키기 위해서는 CRM 활동운영의 개별 구성요소들의 관리를 강화하거나 CRM 활동운영의 전반적인 관리를 개선할 수 있다. 전자는 이미 앞에서 살펴보았기 때문에 이 장에서는 후자를 좀더 검토하기로 한다.

지속적이고 원활한 CRM 활동운영을 위해서는 우선 CRM 활동의 근간이 되는 캠페인 등 CRM 과제를 운영하는 것에 충실

해야 한다. 즉 가급적 많은 CRM 과제를 수행하여 시행착오를 경험하며, 좀더 나은 방향으로 CRM 활동을 운영 개선시키는 것, 즉 CRM 활동의 기본과정을 잘 지키는 것을 말한다.

CRM 프로젝트 초기에는 데이터를 구축하고 분석하는 것에 치중하지만 프로젝트가 진행될수록 CRM 과제 운영의 중요성이 배가된다. 그것은 시간이 지남에 따라 데이터나 분석에 대한 역량이 안정되는 이유도 있지만 CRM 실무자들은 CRM의 과제의 실행을 통해서 CRM의 성공 가능성을 조직에 증명해 보여야 하기 때문이다.

처음부터 CRM 과제가 큰 성공을 거둘 수 없지만 작은 성공들을 반복하여서 조직의 신뢰를 얻어나가며 성공의 모멘텀(momentum)을 쌓아나가야 한다.

이를 위해서는 CRM의 과제 수행의 방식은 '파일럿(pilot)과 롤아웃(roll-out) 방식', '챔피언(champion)과 첼린저(challenger) 방식'을 택하는 것이 바람직하다.

'파일럿과 롤아웃 방식'은 대규모로 본 과제를 시행하기 전에 일정한 샘플 고객군을 대상으로 테스트하여 시행착오를 최소화한 후 본 과제를 실행하는 것을 의미한다.

반면 '챔피언과 챌린저 방식'은 CRM 과제를 기획할 때 일련의 테스트 계획과 일정을 미리 수립하고, 매번 과제 실행시 가장 우위를 가지는 테스트 요소를 채택하여나가는 방식을 취한다.

예를 들어 테스트 요소가 '제안'이라고 하고, 첫번째 과제 수행시에 제안 1, 제안 2를 제시하여 제안 1이 제안 2보다 나은 결과를 가져왔다면 두번째 과제 수행시에는 제안 1과 새로운 제안인 제안 3를 제시하는 방식을 뜻한다. 이 두 과제 수행방식의 공통점은 특정 가설을 실행하고, 그 결과를 반영하여 지속적으로 가설을 수정하여 개선시켜 나아간다는 점이다.

이러한 '시도와 조율(Try it, Fix it.) 방식'은 CRM 과제 운영상의 특징으로서 잘 지켜진다면 CRM을 지속시키는 강력한 엔진 역할을 할 것이다.

일반적으로 CRM을 잘 수행하는 기업은 수많은 테스트를 진행하며, 그 결과를 축적하고 있으며, 이에 따라 캠페인의 규모도 정교해지며, 대상고객에 대한 높은 성공률을 달성하고 있다. 일단 이 정도의 CRM 과제 실행 수준에 도달하면 CRM의 엔진은 무리없이 돌아가는 것으로 볼 수 있다.

원활한 CRM 활동운영의 또다른 동인은 CRM에 대한 조직의 지지나 인정이다. 그 중 가장 강력한 것은 최고경영층의 지지를 대변하는 스폰서십(sponsorship)으로 CRM의 프로젝트 초반 성공 여부에 결정적인 역할을 한다.

왜냐하면 CRM의 프로젝트의 범위, 예산, 인력의 수급, 부서간 협업 지시, 변화관리의 관장 등의 의사결정을 가진 경영층이 CRM을 어떻게 생각하고 있으며, 어느 정도 수준의 기대값을 가지고 있는가가 CRM의 성공 여부에 절대적인 영향을 미치기 때문이다.

하지만 스폰서십은 CRM의 결과에 따라 그 강도가 언제든지 변할 수 있으므로 CRM 활동의 지속적 성공으로 이를 확보하고 지켜나가는 것이 중요하다.

그 다음으로 고려해야 할 CRM 활동운영에 대한 조직적 동인은 직원들로 하여금 CRM이 조직의 이익실현에 도움이 된다고 인정하게 만드는 일이다. 이를 위해서는 CRM의 내용을 교육시키고, 진행사항을 커뮤니케이션하여 CRM의 필요성과 직원

자신의 업무와의 관련성을 이해시키고, 공감대를 형성해야 한다. 또한 CRM 과제 운영시에도 CRM 과제의 내용이 전사 비즈니스 목표와 부합되어야 하며, 현재 조직의 영업이나 마케팅상 시급하고 중요한 주제들을 우선적으로 다루어야 함은 물론이다.

따라서 이런 조직적인 지지나 인정을 받아내기 위해서는, 비록 CRM 프로젝트가 장기적인 성격을 가졌다 할지라도 한편으로는 단기적으로 효과가 있는 CRM 과제의 수행(quick win)도 병행하여 가시적인 성과를 보여줄 필요가 있다.

조직적인 커뮤니케이션 상의 장애를 제거해주는 것도 CRM의 엔진을 구동시키는 데 커다란 도움이 된다. 지배(governance) 체제는 부서간의 업무의 경계가 불분명하거나 부서간 협업이 필요한 사항 등에 대처하기 위하여 관련부서가 모여 협의체를 만들어 의견을 조율하고, 주요 의사결정을 내리는 업무방식을 말한다. 이것은 업무 오너십(ownership)이나 역할분담과 관련이 있는 것으로 CRM 업무의 범위가 넓기 때문에 생기는 이슈이다.

이러한 협의체의 운영은 내부조직간의 이해가 민감하게 얽혀 있어 더이상 업무 진척이 되지 않는 걸림돌들을 정리해줌으로써 CRM 프로젝트가 원활하게 진행되는 데 도움을 주는 역할을 한다.

마지막으로 살펴볼 CRM 엔진, 즉 CRM 운영활동의 동인은 CRM 운영활동의 프로세스와 관련된 것으로 '비즈니스 룰의 자동화'이다. CRM 과제를 다룬 〈2.4〉절에서 살펴보았듯이 CRM 과제의 운영방식은 단순한 캠페인 형태에서 알고리즘, 실시간 이벤트 등으로 보다 복잡한 형태로 발전해나가며, CRM 과제 수행의 속도를 가속시키고 있다.

이러한 변화의 중심에 위치한 것이 CRM 과제에 대한 비즈니스 룰의 자동화이다. 이는 특정한 고객행동과 개인화된 고객대우(treatment)간에 규칙을 제정하는 작업으로 크게 두 가지 부문의 자동화를 뜻하는데 '비즈니스 시나리오의 자동화'와 '비즈니스 의사결정의 자동화'이다.

'비즈니스 시나리오의 자동화'는 CRM 과제의 생성규칙, 과제 진행을 위한 업무진행 흐름 등을 미리 정하여 자동화하는 것을 말하며, '비즈니스 의사결정의 자동화'는 비즈니스 시나리오를 데이터베이스나 분석결과와 연결하여 특정 CRM 과제의 실행 여부나 그 실행에 관련된 행동(예를 들어 대상고객 · 제안 · 채널 등의 선정)을 결정하는 프로세스를 자동화한 것이다. 비즈니스 룰의 자동화는 프로세스와 해당 데이터가 통합이 되어야만 구현이 가능하다.

최근에 이러한 비즈니스 룰의 자동화 추세는 고객의 경험을 최적화(customer experience optimization)하는 방향으로 계속 발전되고 있다.

이상에서 살펴본 바와 같이 CRM 실무자들은 CRM 과제의 지속적 수행, 조직의 강력한 지지의 유지, 조직적 커뮤니케이션의 활성화, 자동화된 비즈니스 룰의 적극적인 활용을 통해 CRM 엔진을 더욱 힘차게 구동시켜야 할 것이다.

2.8 CRM 로드맵의 수립

제2장의 전반에 걸쳐서 우리는 CRM 체제 구축과 CRM 활동 운영을 살펴보았다. 이곳에서는 제2장을 마무리하는 차원에서 CRM 로드맵(roadmap)에 대하여 알아보기로 한다.

CRM을 이야기할 때는 기나긴 여정(a long journey)이라는 비유를 많이 한다. 이는 CRM의 구현이 한번에 이루어질 수 없이 단계별로 이루어지며, 선행 단계의 결과가 다음 단계의 성공과 이어진다는 것을 의미한다.

따라서 CRM 진행상 청사진(blueprint) 역할을 하는 CRM 로드맵을 미리 작성하고, CRM의 진행단계에 따라 업데이트시켜 나가는 일은 CRM 프로그램 운영상 중요한 일 중 하나이다. 또한 로드맵을 통하여 조직 내에서 CRM 비전(vision)을 공유할 수 있다.

통상적으로 CRM 로드맵은 CRM 전략과 더불어 전반부에서 다루어지나 이 책에서는 제시하는 순서를 바꾸어보았다. CRM 체제와 CRM 활동운영에 대한 충분한 이해를 한 후에 로드맵을 고려하는 것도 좋은 방법이 될 수 있을 것이다.

CRM의 전형적인 로드맵은 [그림 2-7]과 같다. 종축으로는 시간상 단계가 표시되어 3단계 내지 5단계로 표현되거나 '상품중심-과도기-고객(관계) 중심'의 형태의 CRM 발전단계로 나타난다. 횡축은 CRM 체제의 구성요소나 CRM 역량요소 등의 기준이 올 수 있는데 여기서는 CRM 활동 사이클을 중심으로 설명하기로 한다.

	상품 중심	과도기	고객(관계) 중심
중점사항	상품 푸시(push) 반응률 제고	고객 푸시(push) 마케팅 효율성 제고	고객 풀(pull) 기업자원의 최적화
데이터	인구통계적 데이터 거래 데이터 MCIF	고객행동 데이터 고객이력 데이터 데이터 마트	실시간 데이터 고객접촉 데이터 전사 데이터 웨어하우스
고객이해	데이터 요약, 검색 상품 수익성 분배	서술형 모델링 (패턴 도출 등) 고객세분화	예측형 모델링 실시간 고객분석
고객제안	타깃팅 중심의 캠페인 리스트	알고리즘, 비즈니스 조건 설정	실시간 이벤트 트리거 비즈니스 룰 운영
고객상호작용	개별채널 중심	2~3개 채널 연계	고객접점 채널 통합
고객관계	거래관계 중심 기업 일방적	고객과 커뮤니케이션 중심 부분적 양방향	신뢰관계 중심 완전 양방향

[그림 2-7] CRM 로드맵(예시)

초기의 '데이터'는 기존 시스템 상의 거래 데이터나 행동 데이터 위주이지만 중기에는 고객을 단위로 이력 데이터 등을 포함한 시계열성 데이터를 다루며, 그 이후에는 고객과의 상호작용에 의한 실시간 데이터를 사용하게 된다

'고객이해'와 관련하여는 초기에는 인구통계학적 고객세분화와 기초적인 수익성 분석 등이 이루어지며, 중기에는 수익성 위주의 고객세분화와 이력 데이터를 기반으로 행동예측 모델링 등이 수행되며, 그 이후에는 고객행동이나 태도를 활용해서 고객세분화와 신경망 분석 등 고난도의 예측모델을 운영할 수 있다.

초기의 'CRM 과제'는 타깃팅 위주의 캠페인 등 단순한 형태를 갖지만 중기에는 알고리즘 등 초기 형태의 마케팅 자동화의 모습을 보이며, 그 이후에는 실시간의 이벤트 트리거(event trigger) 등의 복잡한 형태로 발전하게 된다.

'채널'에 관련하여서는 초기에는 개별채널 중심이며, 중기에는 2~3개의 채널을 연계하여 고객접촉 활동을 강화하며, 그 이후에는 전체 고객을 중심으로 모든 채널을 실시간으로 통합시키는 것을 표방하고 있다.

'비즈니스 기능'의 통합은 초기에는 마케팅 · 영업 · 서비스 기능이 따로 존재하지만 중기에는 영업과 마케팅의 업무와 데이터들이 통합되기 시작하고, 그 이후에는 영업 · 마케팅 · 서비스 기능들이 유기적으로 통합되어 시너지 효과를 내기 시작한다.

CRM 부서의 '조직'적인 역할 측면에서는 초기에는 사업본부 내에서 부분적인 마케팅 역할을 수행하다가 중기에는 사업본부 내의 마케팅 추진을 통합하며, 그 이후에는 사업본부간의

CRM 활동을 주관하게 된다.

전사적인 조직 측면에서는 각 단계별로 상품단위 조직, 과도기 조직, 고객 중심의 조직으로 변환한다.

'기술적'인 측면에서는 초기에는 비즈니스 기능의 단순한 자동화와 부분적인 연계에 중점을 두었으며, 중기에는 고객분석 기능(analytics)으로 분석내용 등을 고객접점까지 전달하여 영업과 서비스를 지원하기 시작하였으며, CRM 기능의 개인화와 통합화 등을 표방하였다.

그 이후에는 CRM 업무 프로세스를 룰(rule) 기반으로 통합하고, 고객경험을 최적화(optimization)하는 것에 중점을 두고 있다.

CRM 로드맵의 수립을 위해서는 우선 CRM 로드맵 상에서 자사의 위치가 어느 정도 수준에 와 있으며, 앞서나가는 기업들과의 격차(gap)는 얼마나 되는지 등 현상을 정확히 파악해야 하며, 자사의 CRM 역량을 객관적으로 평가하고, 향후 개선해야 할 점들도 도출해야 한다.

이때에는 전체적인 시각을 유지하여 CRM 운영방향을 정해야 할 필요가 있다. 즉, CRM이 너무 전략적인 방향으로 나아가 실체가 모호하여도 안 되며, 그렇다고 기술 주도형으로 나아가 알맹이가 없는 상태가 되지 않도록 전략과 기술 사이에서 균형을 이루는 것이 중요하다.

CRM 로드맵의 현황 파악과 방향 설정이 완료된 후에는 업무 단위의 레벨에서 그 내용들이 구체적으로 계획되어야 한다. 이때 이용할 수 있는 수단들은 '중·단기 연간계획(multi year plan)'과 '세부업무 실행계획(work plan)'으로 [그림 2-8]에서 그 예시들을 볼 수 있다

중·단기 연간계획시 주의할 사항은 비즈니스 요건, 데이터,

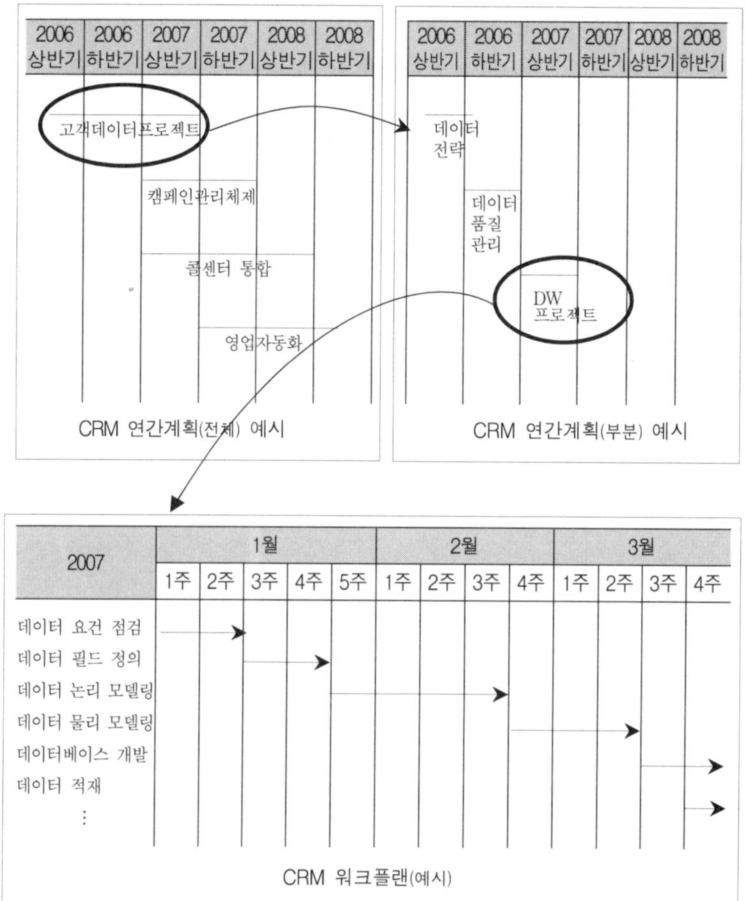

[그림 2-8] CRM 워크플랜 작성(예시)

시스템 구축, CRM 과제 운영 등이 서로 연관성을 가지고 순차적으로 계획되어야 한다는 점이다.

예를 들면 영업 프로세스가 확정된 후에야 영업자동화 툴을 도입하고, 그에 따라 고객소개 업무를 새로 시행하고, 고객접촉 데이터베이스를 구축하기 시작해야 한다.

세부업무 실행계획은 연간계획에서 정해진 개별단위 업무에 대한 구체적이고 상세한 계획으로 업무담당자들이 업무를 진행하며, 사용한다.

이러한 CRM 로드맵 상의 계획들은 주로 CRM 프로젝트에서 수립되며, 프로젝트 관리자(PMO : Project Management Officer)에 의해 이행 여부나 변경·수정 등이 일관성있게 관리되어야 한다.

제2장 요점

- CRM 운영시에는 전체적인 관점을 유지하며, 구체적인 활동을 실행하는 것이 중요하다.
- CRM의 근간은 데이터이며, 기술과 전략이 균형적으로 반영이 되어야 한다.
- CRM 프레임워크에 따라 CRM 체제를 구축하고, CRM 활동을 운영하여 현장에서 CRM의 실행을 구현하여야 한다.
- CRM은 전사적인 전략과 연계되어야 한다.
- 현실적인 CRM 과제를 도출하고, 그 프로세스를 정립하여야 한다.
- 데이터 · IT · 조직 · 채널 등 CRM 인프라를 정비하고, 점진적으로 개선해나가야 한다.
- CRM의 엔진은 지속적으로 구동되어야 하며, 그 동인은 CRM 과제 운영의 활성화, CRM에 대한 조직적 지지의 유도, CRM 프로세스의 자동화 등이 있다.
- CRM은 계획을 세워 그에 따라 단계적으로 이행하며, CRM 과제의 운영 등을 통해 CRM 엔진을 지속적으로 구동시켜야 한다.

제3장
힘차게 CRM을 실천하라

Change More and Learn Smarter

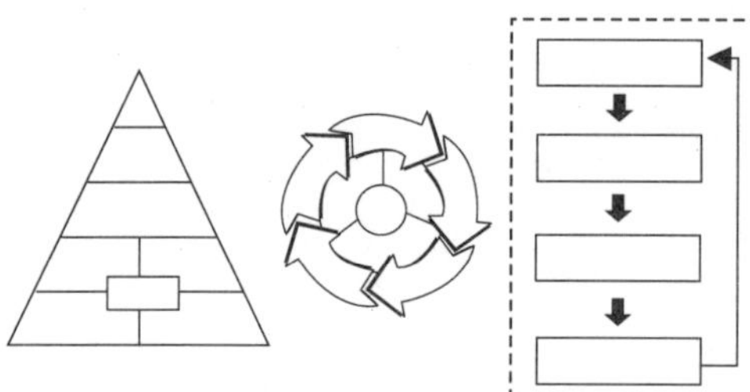

제3장

힘차게 CRM을 실천하라

Change More and Learn Smarter

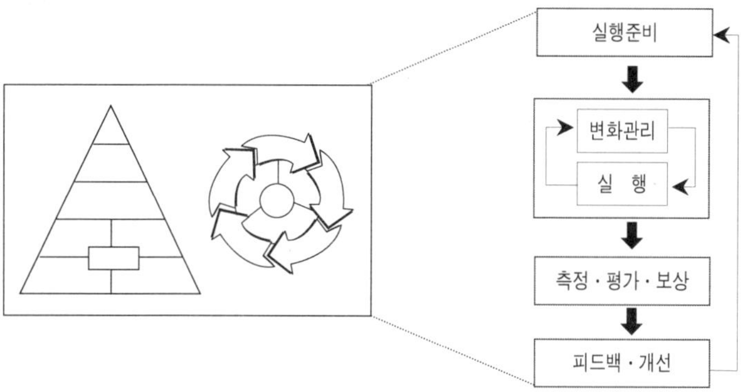

제2장에서 CRM의 체제와 운영에 대해서 살펴보았으며, 제3장에서는 CRM을 현장에서 실행하는 바를 다룬다.

CRM 현장실행은 고객과의 접점에서 CRM을 가시화하는 작업으로서 CRM 활동들을 실제상황에 접목시켜서 특정한 행동을 창출해내는 업무이다. 이를 위해서는 고객 중심을 향해 좀 더 변화해야 하며, 고객과 그들의 반응에 대해 현명하게 학습해나가야 한다.

다시 말해 이제까지 머리를 움직여왔다면 앞으로는 손발을 움직일 차례이다. 알고 있는 것과 행동하는 것에는 큰 차이가 있으며, 이 장에서는 행동의 실천과 함께 변화 · 측정 · 학습 등에 대해 알아보고, CRM에 대한 이슈(issue)와 전망을 살펴보기로 한다.

3.1 현장실행을 위한 준비

CRM의 최종 성공 여부는 이 현장실행 부문에서 판가름난다 해도 과언이 아니다. 그것은 실행을 통하여 현장에서 그 결과를 입증해나가면 지속적으로 성공의 모멘텀(momentum)을 확보할 수 있기 때문이다.

CRM 현장실행을 효과적으로 관리하기 위해서는 '실행준비 –변화관리 · 실행–측정 · 평가 · 보상–피드백 · 개선'의 사이클이 원활히 순환되도록 해야 한다. 이 사이클은 일반적인 경영관리 사이클과 대동소이한 형태이며, 결국 현장실행 부문의 성공은 현장직원에 대한 지원과 관리가 가장 핵심적인 포인트임을 말해주고 있다.

CRM 체제나 운영의 경우와는 같지 않게 CRM 현장실행은 관리주체와 실행주체가 판이하게 다르다. 비록 CRM 실무자가 주관이 되어 현장실행의 업무를 관리하지만 업무의 실행주체는 고객과의 접점에서 영업을 하거나 서비스를 제공하는 현장직원이기 때문이다.

따라서 CRM 현장실행 업무를 수행할 때는 철저히 현장직원들의 입장과 시각을 견지하여야 한다. 만약 그들이 갑자기 CRM 시스템의 화면이 복잡하다고 불평하거나 최근에 CRM 과제에 대해 효과가 전혀 없다고 생각한다면 이쪽, 즉 CRM 관리부서에서부터 무엇인가 잘못 돌아가고 있는 것이 틀림없다.

현장실행의 첫번째 단계인 실행준비는 이제까지 CRM 체제와 CRM 운영에서 언급된 준비사항들에 대한 점검의 의미뿐만 아니라 현장직원의 관점에서 이 준비사항들을 재차 점검하는 의미도 포함되어 있다.

CRM 현장실행 준비를 위한 최종 점검 리스트의 주요 내용은 다음과 같이 정리될 수 있다[점검사항은 질문형식으로 표현하였으며(고딕체 부분), 아래에 위치한 내용(명조체 부문)은 현장의 입장에서 표현한 것이다)].

- **CRM의 목적이 뚜렷하고, 조직 내에 공유되어 있는가?**
  - 현장직원도 CRM을 실행하는 이유를 알고 있는가?
- **조직원들이 CRM의 기대효과를 이해하고 있는가?**
  - 현장직원이 CRM로 인해 자신의 업무와 관련하여 좋아지는 점을 알고 있는가?
- **고객과 고객 중심의 개념에 대한 정의를 내렸는가?**
  - 현장직원이 당사의 고객등급 분류를 알고 있는가?
- **CRM을 수행할 조직적 준비(조직개편 · 인력투입 등)는 되어 있는가?**
  - 현장부서의 편제가 고객 중심으로 바뀌는가?
- **직원을 위한 교육과 인센티브 체제 개선의 계획은 있는가?**
  - 현장직원을 위한 영업점 임점에 대한 교육계획은 있는가?
- **업무 부서간의 협업체제가 구축되었는가?**
  - 현장직원을 위해 CRM 부서 내에 헬프 데스크(help desk)가 있는가?
- **CRM 프로젝트팀이 결성되었는가?**
  - 현장직원이 CRM 프로젝트팀에 참여하는가?
- **CRM 로드맵에 따라 1차 업무범위가 구체적으로 결정되었는가?**
  - 현장에서 타 채널에서 발생한 고객의 행동을 알 수 있는가?
- **고객을 이해할 수 있는 역량이 충분한가?**
  - 현장직원이 고객의 가치를 인지할 수 있는 체제가 갖추어졌는가?

- CRM 프로그램에 반영될 비즈니스 요건이 정리되었는가?
  - 비즈니스 요건 수립시 현장직원의 의견이 반영되었는가?
- CRM 성과를 내기 위한 CRM 과제가 충분히 만들어져 있는가?
  - CRM 과제가 현실적이며, 현장영업에 도움이 되는가?
- CRM 관련된 업무의 프로세스의 변경이 있었는가?
  - 현장직원이 바뀐 프로세스를 귀찮게 생각하는가?
- 고객정보에 대한 총체적인 관리가 시작되었는가?
  - 현장직원이 고객과 상담시 고객의 최근 주소를 확인하여 입력하는가?
- 비즈니스 부서와 IT 부서간의 업무조정이 있었는가?
  - 현장에서 타 채널에서 발생한 고객의 행동을 알 수 있는가?
- CRM으로 인해 영향을 받는 기존의 IT 시스템이 파악되었는가?
  - 현장직원의 단말기에도 고객분석의 정보가 제공되는가?
- CRM 성공을 측정할 기준을 마련하고, 추후 비교를 위해 현황을 파악하였는가?
  - 현장에서 사용할 CRM 지표가 결정되고, 현재의 측정값을 아는가?
- CRM 수행을 위해 최고경영진의 예산의 승인이 있었는가?
- CRM의 수행에 대해 최고경영진이 지지를 약속했는가?
- 파트너・제휴업체 등 외부기관과 CRM 업무를 연계시킬 준비는 하였는가?

앞에서 제시한 리스트의 내용 외에도 점검 리스트는 제2장에서 살펴본 여러 사항을 고려하여 추가로 만들어질 수 있다. 이러한 내용 중 많은 부분을 충족시켰다고 판단이 되었을 때 비로소 CRM의 실행을 추진할 준비가 되었다고 말할 수 있을 것이다.

3.2 변화를 목적으로 한 실행

1. 변화관리의 의의

CRM의 실패 이유들 중 가장 대표적인 이유는 조직의 구성원들이 CRM을 받아들이지 않는 것이며, 이것은 조직 내의 변화관리가 잘 이루어지지 않았음을 시사한다. 개인의 차원이라도 말하는 사람과 듣는 사람간의 커뮤니케이션시 그 메시지가 정확히 전달되지 않는 경우가 허다하다.

하물며 조직을 대상으로 하여 새로운 업무를 이해시키고 실행의지를 가지게 하여서 행동을 유발시키는 것은 지극히 힘이 드는 일련의 작업이다. 특히 조직의 구성원들이 기존의 업무방식이나 이해관계에 익숙하여 새로운 변화를 강력히 거부하는 경우는 더욱 그러하다.

변화관리는 일정한 조직의 변화가 소기의 목적을 달성할 수 있도록 변화에 대한 전략을 수립하고 실행을 관리하는 경영방법으로 CRM뿐만 아니라 BPR 등 여타 프로젝트들에도 적용이 된다. 또한 변화관리는 변화에 의한 혼돈, 경영성과 하락 등 조직상의 위험과 함께 변화에 대한 적응기간도 최소화시키는 작업이라 볼 수 있다 .

또다른 일면에서는 특정한 변화에 대응하여 현장으로부터 실제적인 수용에 관하여 허락을 받아내는 과정이라 할 수 있다. 요약하면 변화관리는 인식의 변화, 태도의 변화, 역량의 변화를 끌어내어 행동의 변화를 유도하는 작업이다.

CRM도 예외가 될 수 없이 변화관리 과정을 반드시 거쳐야 한다. 변화관리 측면에서 본 CRM의 특징은 변화관리의 범위가 넓다는 것이다. 일부 단위업무나 기능의 변화가 아니라 고객 중심 체제를 향하여 전사적인 변화가 요구되며, 기간도 단기간이 아니라 장기간을 요한다.

또한 다양한 분야의 업무와 직원이 연계되는 것도 CRM의 변화관리의 또다른 특징이라 할 수 있다. 즉 CRM은 마케팅·영업·서비스 기능과 고객·상품·채널 요소가 연계된 복합적인 업무성격을 가지고 있으며, 그에 따라 각 분야를 담당하는 다양한 역할의 직원들이 개입된다.

CRM 변화관리의 대상은 직원뿐만이 아니라 묵시적으로는 고객까지 포함하는 특징을 가지고 있다. 다시 말하면 기업이 직원에게 특정 변화에 대한 교육을 시키고 동기부여를 하면 직원은 고객에게 고품질의 서비스를 행하고, 고객은 이에 따라 자신의 행동을 바꾸어 고객충성도를 통해 기업에게 응답한다.

과거의 CRM의 변화관리의 초점은 시스템 관점에 맞추어져 있어 신규로 도입된 시스템의 사용법을 중심으로 변화관리가 이루어져왔다. 하지만 향후의 CRM의 변화관리는 IT 기술의 변화뿐 아니라 조직의 변화, 업무 프로세스의 변화의 3자가 균형적으로 고려되어야 한다.

2. 변화관리의 방법

변화관리의 프로세스에 따라 설명을 한다면 변화관리의 진행방법은 변화에 관한 현황 파악, 변화의 필요성 인식, 변화관리팀 구성, 직무 재정의(再定議), 전사 조직구조 조정, 커뮤니케이션 실행, 교육 및 훈련, 성과평가와 보상관리 등으로 이루어진다.

'변화에 관한 현황 파악'은 조직의 변화 가능성에 대한 평가와 조직의 역량 파악의 목적을 가지고 있다. '변화의 필요성의 인식'에는 조직의 구성원들의 필요성에 대한 자각이 중요하며, 이를 지원하는 최고경영자의 강력한 리더십을 확보해야 한다.

'변화관리팀'은 변화관리를 총괄 관리하고, 주요 의사결정을 한다. 따라서 팀 리더는 조직에서 영향력이 있는 임원이 담당하는 것이 바람직하다.

한편 팀원의 구성에는 현장의 사정과 언어를 잘 알고 있으며, 현장의 참여를 적극적으로 이끌어낼 수 있는 추진력을 가진, 현장 출신의 팀원의 확보가 중요하다.

'직무 재정의'는 분석, 데이터 베이스관리 등 새로운 업무에 따른 직무 신설 및 변경을 다루며, '전사 조직구조 조정'은 고객 중심의 조직으로 나아가는 로드맵의 단계에 따라 조직을 재디자인하며, 조직문화를 리드하는 것과 협업체제의 구축을 위해 조직간 업무장벽을 제거하는 업무 등을 말한다.

'커뮤니케이션 실행'은 적합한 방법이나 매체를 통해 서로 이해가 다른 조직원들간에 의사소통을 원활하게 하며, 적시에 적절한 정보가 제공될 수 있도록 체계를 수립하고, 그 시기나 방법을 정하고 시행한다.

커뮤니케이션의 주요 산출물에는 사용자 매뉴얼, 커뮤니케이션 제작물(뉴스레터 · 브로슈어 등) 등이 있으며, 매뉴얼은 사용자 입장에서 이해하기 쉽게 제작되어야 한다.

'교육 및 훈련'의 주제는 새로운 직무와 역할, 업무 프로세스, 시스템 사용법 등이 되며, 현장의 팀과 개별직원을 대상으로 주기적으로 시행되어야 한다.

'성과평가와 보상관리'는 CRM 활동에 대한 기준이 되는 지표 설정, 목표 산정, 목표 달성에 따른 보상업무의 관리를 포함한다.

3. 변화관리의 적용

변화관리를 실행할 때는 '혁신'이라는 단어를 많이 쓴다. 그만큼 변화가 야기시킬 조직적인 차원의 파장효과를 의식한 표현이다. 변화에 대한 조직의 반응은 초기의 반발과정을 거쳐 조정과정과 변화관리가 잘 수행되었을 경우의 수용과정과 개선과정에 도달하는 형태가 일반적인 경향이다.

반응의 유형도 다양한 형태가 있지만 협조 여부와 반응자의 영향력에 따라 구분한다면 영향력이 있고 협조적인 경우, 영향력이 있지만 비협조적인 경우, 협조적이지만 영향력이 없는 경우, 협조성과 영향력이 모두 없는 경우로 나누어 생각할 수 있다. CRM 실무자는 각 경우에 맞게 변화관리 실행전술을 적용하는 것이 중요하다.

CRM 변화관리를 적용하는 단계는 변화에 대한 인지를 높이고, 변화의 수용을 확산시키며, 그 후에 변화를 활용하는 조직적 역량을 제고시키는 순서로 이루어진다.

'변화의 인지'를 위해서는 전달할 메시지를 일관성있게 준비하여야 하며, 변화관리에 대한 기대효과를 구체화하여 커뮤니케이션하는 작업이 필요하다.

또한 '변화의 수용'을 촉진시키는 수단으로 지속적인 모니터링과 성과관리가 있으며, 특히 이 양자를 연계시키면 좀더 나은 수준의 동기부여가 될 수 있다.

'조직의 역량'과 관련하여 사용자 교육과 현장 교육이 중요하다. 사용자들을 특정장소에 소집하여 실시하는 사용자 교육과는 달리 현장 교육은 CRM 교육자가 현장에 상주하며, 일정기간 동안 직원들의 역량 향상을 위해 교육을 하는 방식이다.

주로 핵심적인 영업현장이나 CRM에 대한 수용도가 좋은 영업현장이 선택되어 이론교육뿐만 아니라 실행교육까지 시행하며, 이곳에서의 성공을 입증하여 여타 현장에 확산하려는 의도도 가지고 있다.

이러한 현장교육의 결과를 통해 현장에 어느 정도 실행에 대한 자율성을 부여하고 강제성을 요구할 것인가, CRM의 최종 결과에 대한 기대값을 어떻게 현실적으로 조정할 것인가 등 CRM 실행상의 여러 이슈에 대한 실제적인 해결책의 실마리를 찾아낼 수 있다.

4. CRM 실행의 실체

변화관리 업무가 마무리되면 본격적으로 CRM 활동이 실행된다. 현장에서의 CRM 활동의 구체적인 모습은 현장직원의 하루 일과의 예를 통해 살펴볼 수 있다.

예를 들어 영업사원의 경우 출근하여 단말기를 켜면 주요 고객들의 거래상 전일 중요 이벤트가 요약되어 보이며, 오늘의 상담일정과 출시된 신상품에 대한 정보를 얻을 수 있다.

업무시간에 고객과 상담시 변경된 고객의 신상정보와 상담의 주요 내용을 CRM 프로그램에 입력하며, 고객과 면담이 없는 시간을 이용해 고객과 전화통화를 하여 본인에게 할당된 시스템 상 주어진 스크립트에 따라 캠페인이나 고객관리 활동을 실행한다. 때로는 타 채널에서 본인에게 전달된 고객소개

활동을 마무리하기도 하며, CRM 프로그램 진행상 궁금한 점은 본부의 CRM 지원센터로 문의하기도 한다.

하루의 마감시 본인의 영업활동의 진척상황이 자동적으로 정리되어 보고되고, 상급자는 이를 토대로 새로운 지시를 내린다. 업무가 바쁜 날일 경우에는 심지어 퇴근시간 이후까지 남아서 CRM 활동을 끝내야 한다.

앞의 예에서 보듯이 현장직원의 관점에 비추어진 CRM과 관련된 행동은 "조회하고, 입력하며, 전화하고, 보고하는" 등의 업무로서 본연의 업무 외의 추가적인 노력이 소요되는 활동들이다.

또한 현장의 입장에서는 고객 데이터 관리, 분석작업, 캠페인 기획 등 본부의 CRM 부서의 업무들은 단지 그들의 행동을 지원하는 업무일 뿐이다. 그들의 관심사는 고객정보가 정확하고, 캠페인 타깃 리스트가 정교하게 맞으며, 시스템 상 입력을 한번이라도 적게 하고 싶은 것이다.

따라서 CRM 실무자는 이런 실체를 정확히 파악하여 현장의 상황에 맞추어 CRM 활동들을 구상하여야 한다. 하지만 이러한 현장실행과 본부지원의 관계도 CRM의 발전에 따라 변경이 될 수 있다.

예를 들어 CRM을 도입한 초반부에는 본부에서 일괄적으로 하달한 캠페인 위주로 과제 수행이 많이 이루어지지만 시간이 지나 현장의 CRM 역량이 높아질 경우에는 특정현장의 영업상황에 맞는 자체 캠페인을 스스로 운영할 수 있게 되는데 이것이야말로 CRM의 현장실현이 이상적으로 이루어진 예라 할 수 있다.

CRM 실행과 관련하여 반드시 살펴보아야 할 과제는 부서간의 협업이다. 이것은 CRM 실행의 가장 큰 걸림돌 중의 하나로서 업무주체를 기준으로 볼 때 본부와 현장 사이뿐만 아니라 본부 부서간(예를 들어 전사기획, CRM, 영업기획, 영업추진, 콜센터, e-Biz 센터 등 각종 채널, 상품개발 등), 여러 채널간의 업무협조까지를 말한다.

구체적인 예를, 업무협조가 잘 이루어지지 않은 경우와 잘 이루어진 경우로 나누어 살펴보기로 한다. 전자는 채널간의 고객에 대한 오너십(ownership)과 관련된 내용이다. 대부분의 기업에서는 사전의 조정이 없는 한 오프라인(off-line)과 온라인(on-line) 채널 사이의 고객에 대한 오너십이 중복되어 있다.

고객관리 차원에서 보면 어처구니없는 일이지만 한 고객을 두고 두 부서가 자신의 고객이라 주장하고, 제각기 고객을 따로 취급하여 접촉하고, 마케팅 활동을 한다. 심지어 때에 따라서는 양자간의 데이터베이스의 전산상 형식도 달라서 즉각적인 고객정보의 교환도 이루어지지 않는다.

이와는 달리 부서간 업무협조가 잘 되는 경우로서 고객소개(referral)의 사례가 있다. 콜센터로 고객이 인바운드 상담을 해올 때 상담원이 서비스 처리를 해주며, 추가적인 영업기회를 감지하여 영업점에 전달해줄 경우가 있다. 이 기회를 전달받은 영업직원은 영업을 성공적으로 마무리하여 해당되는 성과를 상담원과 공유한다.

일견 간단한 일인 것 같지만 이것을 가능하게 하기 위해서는 CRM 부서와 각 해당 부서간의 사전협의, 프로세스의 연계, 시스템 연계 및 모니터링을 위한 추가화면 개발, 인센티브 예산 확보, 성과관리 등이 전제되어야 한다.

이렇듯 CRM 부서는 부서 사이에 존재하는 영업기회를 새로

이 발굴하고, 협업체제를 구축하여서 궁극적으로 전사적인 입장에서 수익을 내는 데 기여하여야 한다.

CRM 실행 부문에서 마지막으로 짚고 넘어가야 할 부분은 CRM '프로젝트(project)' 종료 후의 CRM '프로그램(program)'의 실행이다.

'CRM 프로젝트'는 사전 단계와 본 단계로 나뉘어져 진행이 된다. CRM 프로젝트의 사전단계에서는 전반적인 CRM 사업내용이 확정되고, 그에 따라 CRM 전략과 운영, 데이터와 시스템의 구축에 대한 중·단기 연간계획이 수립된다. 프로젝트의 본 단계에서는 각 부문마다 세부업무 실행계획서가 작성되어 그에 따라 전략이 수립되고, 캠페인 등 CRM 과제가 운영되며, 데이터와 시스템이 구축된다. 또한 캠페인과 구축된 시스템 등의 테스트가 행해지고, 직원을 대상으로 교육 등이 이루어진다.

일반적으로 기업들은 CRM 프로젝트 시행시에 CRM 프로젝트팀을 만들고, 일정기간 동안 외부 컨설팅업체에게서 CRM 전략, CRM 운영, 시스템 구축 등에 관련된 도움을 받는다. 이때 많은 CRM 실무자들은 CRM 프로젝트에 참여하는 자체가 CRM을 실행하는 것이라 오해하고 있다.

하지만 그것은 CRM의 시작에 불과하고, 정작 중요한 것은 컨설팅업체들이 떠난 뒤 그 동안 습득한 지식을 현실화하여 자신의 기업에 적합하게 적용하고 현장에 접목시키는 등 CRM을 구현하기 위해 홀로서기를 해야 하는 것이다. 다시 말해 이제부터 기업이 주체가 되어 실질적인 'CRM 프로그램'을 실행하는 중요한 단계가 시작되는 것이다.

3.3 실행의 측정과 결과의 보상

CRM 실행 후의 단계는 실행의 과정과 결과를 측정하고, 그 성과를 평가하며 보상하는 단계이다. 측정의 범주에는 최종 결과의 측정뿐만 아니라 CRM의 특성상 그 과정을 모니터링하고 수정을 반영하여 지속적으로 개선시키는 과정상의 측정을 포함한다. 특히 변화관리를 통해 CRM 실행을 하는 관점에서는 이러한 과정상의 평가와 보상은 조직적으로 볼 때 중요한 의미가 있다.

이 장에서는 측정의 의의를 살펴보고, 모니터링과 성과의 평가와 보상에 대해 알아보기로 한다.

1. 측정의 의의

측정을 하는 궁극적인 이유는 처음의 CRM 전략목표 대비 CRM의 성공 여부를 따져보는 것이지만 측정대상과 범위에 따라 그 방법은 다양하게 논의될 수 있다.

우선 살펴볼 개념은 CRM 'ROI(Return on Investment)'로서 시스템 투자 비용과 유지 비용, 인건비, CRM 프로그램 예산, 초기 CRM 프로젝트 비용 등 총투자에 대비하여 매출 증대, 마진 개선, 비용 절감으로 인한 수익을 순현재가치로 환산하여 백분율로 표시한 것이다.

이는 통상 3~5년 단위로 계산하여 전사 차원의 장기적인 입장에서 CRM 대한 정당성과 CRM 도입 효과를 입증하는 목적을 가지며, 재무적인 효과(impact)를 중심으로 최종 결과를 위주로 측정이 이루어진다. ROI 측정방법은 과거의 정량적인 재무실적에 초점을 맞추어 접근한다는 단점이 있다.

두번째 측정 개념은 카플란(Robert Kaplan)이 주장한 '균형성과 카드(balanced score card)'로서 CRM의 측정에도 적용될 수 있다. 즉, 측정의 기준이 재무적인 관점뿐만 아니라 고객적인 관점, 프로세스적인 관점, 학습적인 관점이 있어 포괄적이며, 현재상태의 활동까지도 그 측정대상으로 한다.

예를 들어 학습적 관점에서의 고객 데이터 품질의 향상은 프로세스 관점에서의 고객접촉 성공률을 높이며, 이것은 고객 관점의 고객행동의 활성화를 촉진시켜서 재무 관점에서 교차판매 실적을 증대시킨다.

또다른 예로는 직원을 만족시키면 고객불만 처리가 잘 이루어지며, 이것은 고객만족을 증대시켜 운영의 효율성을 이룰 수 있다.

균형 성과지표는 CRM 실행상 중요한 요소인 CRM 활동 프로세스의 변화나 고객의 행동변화를 CRM의 성과와 연결시켜 파악하는 데 도움이 된다.

측정에 대한 또다른 개념은 CRM '지표(metrics)'로서 업무단위 차원에서 CRM 성과를 측정하는 것이다. 지표는 그 범위가 협의적이며, CRM 실행 전에 측정해야 할 지표를 결정하고 지속적으로 모니터링하는 것이 중요하다. 주로 업무기능상 마케팅・영업・서비스 등의 지표가 있으며, 그 내용은 곧이어 설명될 모니터링 파트에서 좀더 알아보기로 한다.

일반적으로 CRM 측정의 내용은 CRM 전략의 실행결과, CRM 활동 진단, 캠페인 효과, 직원의 성과 등이 있다. 하지만 CRM

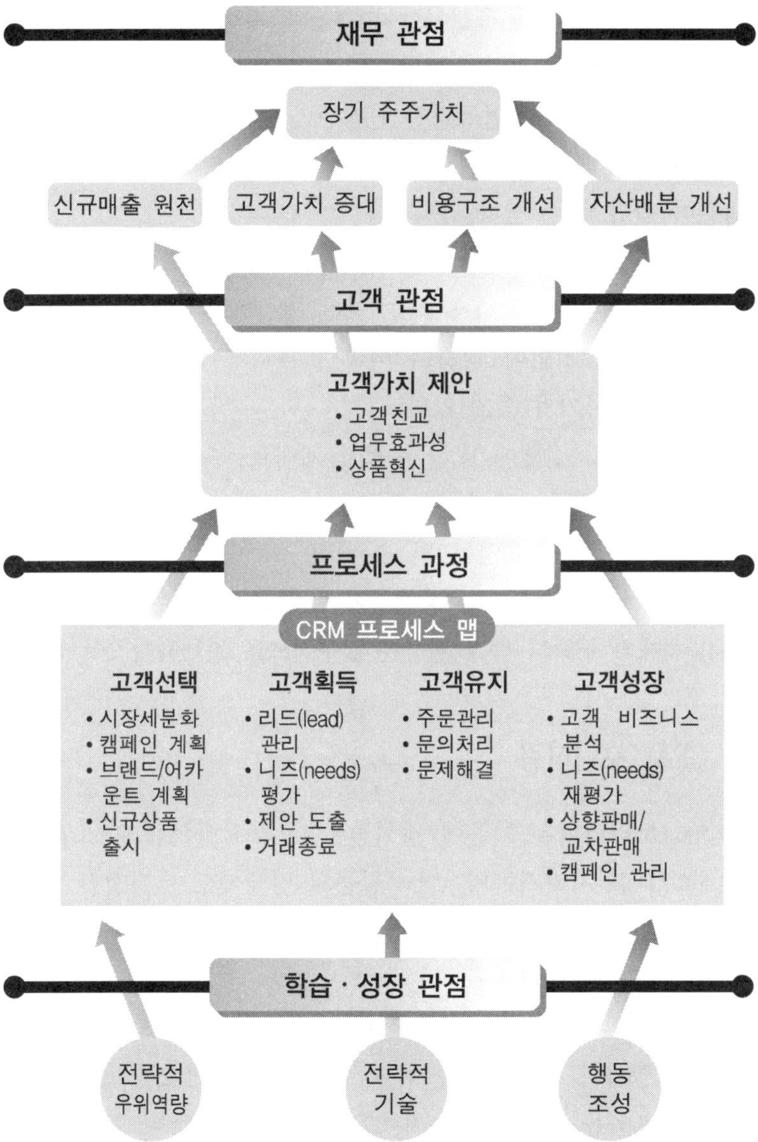

[그림 3-1] CRM에 적용된 Balanced Score Card
(출처 : Gartner Group, 2001)

의 측정은 기업마다 측정하고자 하는 관점이 다르다. 또한 앞에서 보았듯이 측정의 대상이 최종 결과인가, 활동과정인가, 전사적인 관점인가, 업무적인 관점인가, 정량적인 것뿐 아니라 정성적인 효과도 포함시킬 것인가 등에 따라 그 측정방법과 내용이 달라질 수 있다.

또한 측정시에는 측정요소간의 인과관계를 명확하게 규명할 수 없으며, 측정을 위해 가용할 수 있는 데이터가 부족할 수도 있고, 비즈니스 성과에 대하여 여타 비즈니스 요소들과 CRM의 효과를 분리하기가 쉽지 않다.

하지만 CRM 실행에 대한 측정이 제대로 이루어지지 않는다면 CRM의 효과를 가늠할 수 없으며, 그것은 CRM의 실패를 불러일으킬 수 있는 요인이 될 수 있다.

따라서 각 기업은 그 정확성이 조금은 부족하더라도 CRM 측정 체제의 구축과 측정 활동은 필수적으로 진행해나가야 한다.

2. CRM 모니터링

CRM 모니터링은 기존에 정해놓은 CRM 전략목표와 업무 프로세스가 잘 지켜지는지, CRM 활동의 진행속도가 적절한 것인지, CRM 실행과정상 배워야 할 점들은 잘 배우고 넘어가고 있는지 등을 점검한다.

캠페인과 관련된 모니터링 활동의 예를 들면 교차 판매율의 목표는 얼마나 달성되었는지, 직원들이 스크립트를 준수하여 고객의 반응을 잘 입력하는지, 고객접촉에 관련하여 일 목표량은 잘 소화하는지, 일정 수준의 CRM 시스템 활용은 하고 있는지 등이 있다.

과정을 모니터링하는 목적 중에는 모니터링이 측정 자체에서 끝나는 것이 아니라 이것을 통해 현장의 직원을 코칭(coaching)하여 좋은 성과를 내는 방향으로 이끌어주는 점도 포함되어 있다.

효율적인 모니터링을 위해서 CRM 지표(metrics)를 활용하며, 이는 현재 시점에서 CRM의 상태를 보여주는 '계기판'과 같은 역할을 한다. CRM 실행 전에 향후 사용할 지표의 선정과 운영을 어떻게 할 것인가를 정하는 것도 중요하며, 이때 고려할 점은 '베이스라인(baseline)'의 개념이다.

베이스라인이란 CRM 실행 전의 CRM 지표의 측정값을 말하며, CRM 실행의 전후를 비교하는 기준값의 의미를 가지기 때문에 CRM 실행 전에 반드시 그 값을 확보하여야만 추후에 의미 있는 모니터링이 가능하다.

업무기능별로 대표적인 CRM 지표는 다음과 같다.

마케팅 관련 지표
반응률, 전환율, 캠페인 ROI, 캠페인 규모, 고객 1인당 유치비용, 고객 유지율, 고객 이탈률 등

영업 관련 지표
총판매량 · 총판매액, 영업당 판매비용, 시장 점유률, 지갑 점유율, 교차 판매율, 상향 판매율, 신규고객 수, 영업 성공률 등

서비스 관련 지표
고객만족도, 고객충성도, 거래기간, 고객소개 의향 등

3. 성과평가와 보상

CRM의 성과평가는 '전사적인 성과평가'와 관련된 부문과

'CRM 내부적인 운영의 평가'에 대한 부문으로 나누어 생각할 수 있다. 전자와 관련하여서는 전사 차원의 성과평가 체제인 KPI(Key Performance Index)와 연관시켜 생각할 수 있다.

현재 일반적으로 전사 KPI 상에 반영된 CRM KPI는 CRM을 통해 달성하고자 하는 재무실적(수익성 증대, 판매실적 증대, 비용 절감, 생산성 증대 등)과 고객실적(고객기반 증대, 고객당 매출 증대, 고객정보 개선, 고객만족도 증대 등)으로 구성된다. CRM 실무자의 입장은 KPI 상에 CRM 요소가 가급적 많은 비중의 가중치로 반영되기를 바란다.

하지만 전통적인 기업의 구조상 KPI는 매출목표나 수익목표와 같은 정량적인 성과기준이 주를 이룰 것이며, 고객에 관련된 성과지표들은 상징적인 의미를 가지거나 근자에 미미하게 도입이 시작되는 것이 현실적일 것이다.

고객 중심으로 기업이 나아가기 위해서는 아직 갈 길이 멀다는 것을 여실히 보여주는 부분이지만 CRM의 현실적인 기여를 하루빨리 끌어내어 '전사 레벨-사업본부 레벨-부서 레벨-개인 레벨'간에 일관성있게 CRM 성과 평가체제를 연계시키는 것을 궁극적인 목표로 삼아야 한다.

CRM 내부적인 운영에 대한 평가는 CRM 캠페인을 운영하거나 변화관리 프로젝트를 실시하거나 전사 차원의 한시적인 마케팅 이벤트로서 CRM이 운영될 때 일정한 평가기준을 마련하고, 그에 따른 전략지표와 활동지표를 관리하는 것을 의미한다.

일반적인 성과평가 수립의 절차는 지표를 선정하고, 현황을 파악하여 그에 따른 목표를 정한 후 그 달성을 위한 방안을 마련한 다음 그 지표에 의해 부서별이나 개인별로 목표치를 할당하여 관리한다.

교차판매 프로젝트의 예를 들어보기로 한다. 전사적으로 현재 2개인 교차판매 지표를 3개로 늘리는 목표를 정하고 고객 A군이 가지고 있지 않는 상품 갑을 집중적으로 판매할 달성방안을 마련하여 고객 A군의 상품 갑에 대한 교차판매의 전체 목표량을 정하고 직원별로 목표치를 할당할 수 있다.

CRM 내부운영 평가는 앞의 마케팅 부문뿐만 아니라 영업기회 관리나 고객불만 처리 등과 같이 영업·서비스 부문의 성과에도 적용될 수 있다.

성과평가와 마찬가지로 성과에 대한 보상은 중요한 의미를 가지고 있다. CRM 자체가 커다란 변화이며, 추가적인 노력으로 추가적인 성과를 끌어내기 위해서는 현장의 실행주체인 직원에게 공평한 기준에 의거해서 달성 가능한 유인을 제공하여야 한다.

예를 들어 은행의 경우 창구직원이 고객과 응대시 좋은 영업기회를 포착하여 영업직원에게 전달했는데도 그 성과를 영업직원의 실적에만 반영하거나, 영업직원에게 상대적으로 과다하게 보상이 지급된다면 안 될 일이다.

CRM 성과관리 부문에서 마지막으로 생각해보아야 할 주제는 향후 조직의 성과 중심 문화의 정착이다. 조직의 CRM 성과관리도 단순히 프로세스적인 접근이 아니라 전략적인 측면에서 다루어져야 한다. 즉 CRM 전략으로부터 명확한 비즈니스 기회가 도출된 후 조직은 적재적소에 적합한 역량을 가진 직원을 배치하여 교육하고 보상해야 하며, 조직 전체적으로 지식 공유를 통해서 성공사례를 확산시키는 통합적인 접근이 필요하다.

이에 따라 성과 중심의 문화가 이루어진다면 CRM의 실행은 한층 더 효과적으로 이루어질 것이다.

3.4 발견의 반영과 경험의 축적

CRM이 여타 마케팅과 가장 다른 면 중의 하나는 고객에 대해 지속적으로 배워가는 과정상에서 그 발견점이나 경험을 축적하고, 정리 후 조직 내에 공유하여 차후의 CRM 활동에 반영을 해나간다는 점이다. 이러한 CRM의 특성은 CRM 실행활동을 좀더 현실적이고, 성공 가능성이 크게 만든다.

CRM에 관련된 표현들로서 '행하며 학습하는 것(Learning by Doing)', '시도하여 고치는 것(Try it, Fix it)' '테스트한 후 실행하는 것(Test and Learn, Pilot and Rollout)', '지속적인 학습(Continuous Learning)' 등이 있다.

이런 측면에서는 CRM은 가설로부터 시작하여 CRM 활동을 한 후 그 발견을 피드백하여 처음의 가설을 수정하고, 새로운 가설을 수립하는 작업을 지속적으로 반복하는 업무로 볼 수 있다. 이때, CRM 활동이라 함은 CRM의 현장실행뿐 아니라 데이터를 수집하거나 분석하거나 캠페인을 기획하는 등 CRM 전반에 걸친 활동들을 모두 지칭한다.

캠페인이 실패했을 경우 CRM 실무자는 타깃팅 작업이 잘못되었는지, 오퍼가 잘못되었는지, 직원의 실행에 문제가 있었는지 등을 여러 측면에서 점검하여야 한다. 그 후 원인을 규명하고 기록하여 차후에 다른 실무자가 비슷한 유형의 캠페인을 할 때에는 이를 반영하여 똑같은 실수를 하지 않도록 하여야 한다.

CRM을 올바르게 구현하는 기업이 연간 수백 개의 캠페인을 진행한다고 가정할 경우 고객에 대한 학습과 그에 따른 새로운 발견의 양은 방대할 것이고, 이것이 여러 해를 통해 거듭된다고 생각하면 실로 대단한 일일 것이다. 만약 이 기업이 같은 기간 동안 이런 노력을 하지 않거나 노력을 하더라도 산발적이고 한시적으로 끝내어 그 경험이 축적되지 않는다면 결과의 차이는 엄청날 것이다.

현장의 입장에서는 학습하고 축적하는 과정은 현실적으로 번거롭고 시간이 걸리는 작업이겠지만 반드시 극복해나가야 한다. 반면 CRM 실무자는 이런 과정을 좀더 간결하고 편리하도록 만들어야 한다. 특히 직원이나 고객으로부터 받은 중요한 피드백들은 신속히 처리해야 하며, 필요시에는 실행을 통해 입증된 사실을 근거로 CRM 전략까지 과감히 수정할 수 있는 자세를 가지고 있어야 한다.

CRM 활동상에서 학습되고 발견된 주요 사항들은 축적이 되고 정리되어 조직상 공유가 되어야 한다. 캠페인의 경우 파일럿의 테스트 결과와 일련의 롤아웃 실행의 결과에 대한 이력이 캠페인 툴에 의해 축적이 되며, 캠페인 매니저는 전체 캠페인을 관리할 때 CRM 캠페인 라이브러리(library)를 운영하여 여타 캠페인 매니저와 그 내용을 공유해야 한다.

CRM을 실행함에 따라 축적이 되는 또다른 CRM 경험의 예로서는 고객에 관련된 각종 접촉 정보와 이력(history) 정보, 고객 활성화 패턴, 고객이탈 패턴 등 고객행동에 대한 이해, 현장에서의 CRM 실행의 성공 사례들, CRM 운영상 효율화 방안 등이 있다.

이러한 CRM 경험은 추후 분석 작업시에도 쓰이기도 하지만 CRM 실행시에도 유용하게 쓰일 수 있다.

3.5 이슈의 해결과 미래를 위한 도전

CRM의 이슈는 〈1.1〉절의 현상파악 부문에서 전반적으로 다루어졌으나 그 중에서 대표적인 것들을 강조하자면 고객의 프라이버시(privacy) 유지, 데이터 품질 관리(DQM : Data Quality Management), CRM의 일관적인 운영 등은 꼽을 수 있다.

CRM은 기본적으로 고객의 데이터를 다루고 있으며, 자의든 타의든 고객의 정보가 노출될 위험소지를 안고 있다. 그러므로 이런 고객의 개인정보를 활용한 기업의 활동에 대하여는 미리 고객의 동의나 허락이 이루어져야 함을 그 기본원칙으로 삼아야 한다.

따라서 CRM 실무자는 기존의 관행에서 벗어나 좀더 적극적으로 고객의 프라이버시를 관리해야 한다. 즉, 개인정보보호법 등의 제정방향을 주시하면서 고객을 성가시게 하지 않고 CRM의 목적을 달성할 수 있는 실무적인 대안을 준비하며, 조직 내부의 고객정보 관리를 강화하여야 한다.

데이터 품질 관리는 〈2.6〉절에서 이미 설명한 대로 가장 중요함에도 불구하고 아직까지도 가장 방치되는 부문이다. 이것을 해결하기 위해서는 반드시 조직적인 움직임이 있어야 한다. 전담팀이 생겨 정보의 최신화와 내용적인 개선을 위해 비즈니스와 전산간의 협업이 시작되고, 정보 중시 마인드가 전조직의 직원에 전파되는 조짐이 보이지 않는다면 그 조직은 아직 정보의 품질에 대한 중요성을 느끼지 못하였음을 말해준다.

CRM은 매우 어려운 작업이며, 실패할 가능성이 성공할 가능성보다 크다. 그것은 CRM이 가지는 업무의 방대함과 다양성에서도 기인하지만 무엇보다도 조직적인 이유가 가장 결정적이라 할 수 있다.

빛이 바래져가는 스폰서십, 타 부서의 반목과 비협조, 현장 직원의 수용 거부 등은 물론이거니와 경영층과 담당자의 잦은 교체, CRM 부서의 운영정책의 변경 등 CRM이 일관적으로 운영될 수 없는 현실적인 이유들은 무수히 많다.

이를 극복해나가기 위해서는 CRM 실무자들은 가시적인 성과를 보여줌과 동시에 조직적인 커뮤니케이션과 설득을 강화해나가야 한다.

CRM은 기능 중심의 과거 형태에서 벗어나 전략적인 면이 강조되고, 전사적인 차원에서 지속적으로 발전을 할 것이다. CRM의 가까운 미래는 CRM 활동의 효율성을 기하기 위해 CRM 자원과 프로세스에 대한 최적화 작업이 본격화될 것이며, 채널과 서비스 영역에서 CRM이 발전함으로써 고객경험(customer experience)과 고객배려(customer care)와 관련된 CRM 활동이 실시간이나 준실시간의 차원에서 활발해질 것으로 보인다. 또한 이로 인해 명실공히 CRM과 마케팅·영업·서비스간의 조화로운 통합이 이루어질 것이다.

전산적인 측면에서는 기술의 발달로 인해 정보에 대한 보안 문제가 해결됨으로써 응용 프로그램 임대(ASP : Application Service Provider) 등이 보편화될 것으로 보이며, 고객과의 실시간 대화의 활성화에 따라 기존 CRM 시스템들을 업그레이드해야 할 것이고, 모바일(mobile) 등 신규매체들을 활용한 새로운 형태의 CRM 적용사례들도 나타날 것이다.

또한 CRM은 중소기업·공공부문 등 새로운 산업으로의 확산을 통해 그 영역의 확대가 이루어지며, SCM, PRM, ERM, BSC 등 새로운 비즈니스 기능들과의 통합이 활발해질 것이다. 특히 중소기업은 그 특성상 부서간의 단절이 심하지 않고, 의사결정이 빠르기 때문에 CRM을 적용할 때 대기업보다 좋은 효과를 가져올 수 있다.

궁극적으로는 기업이 고객 중심의 개념을 전사 전략으로 채택하게 되면 CRM과 타 비즈니스간 기능의 구분이 무의미해질 수 있을 것이다.

따라서 먼 장래에는 CRM이란 용어는 없어질 수도 있으나 오히려 CRM의 근본인 '고객 중심' 사상은 발전하게 되어 조직 내에서의 구현이 좀더 용이해질 것이다.

제3장 요점

- CRM의 최종 구현은 고객과의 접점인 현장에서 CRM 실천을 통해서야만이 비로소 완성된다.
- CRM의 현장실행을 위해서는 기업 전체가 변화하려는 확고한 의지와 고객에 대하여 효과적으로 학습해나가려는 부단한 노력이 필요하다.
- CRM 현장실행의 과정과 결과는 반드시 측정되어야 하고, CRM에 대한 경험들은 소중한 기업의 자원으로서 축적되어 활용되어야 한다.
- 향후에는 'CRM'이라는 용어보다는 '고객관계 중심'이라는 개념의 실천이 더 중요하다.

맺음말

CRM은 다시 달려야 한다

CRM을 한다는 것은 '고객 중심'으로 나간다는 뜻이며, 앞으로 마케팅의 중요한 흐름의 한 지류는 분명히 '고객과의 관계'를 주축으로 한 고객 중심 개념이다.

CRM은 아직도 진행중이며, CRM 실무자들은 그 발전도상에서 작건 크건간에 성공사례를 만들어야 한다는 사명감을 통감하며, 최선을 다하고 있다.

한 가지 분명한 것은 시간이 지나면 CRM을 통해 고객 중심의 활동을 지속적으로 실행한 기업과 그렇지 않은 기업간에는 분명히 결과의 차이가 크게 날 것이며, 경쟁적인 차원에서도 그 차이는 단기간 내에 메워지기가 어려울 것이다.

왜냐하면 고객 중심의 노력은 기업의 고유한 조직역량과 문화와 관련되어 있어 경쟁기업에서 쉽사리 모방할 수 없는 최후의 경쟁우위 요소이기 때문이다.

다행히 최근 CRM은 기술적인 접근에서 벗어나 그 전략적인 접근과 프로세스의 중요성이 인정되고 있으며, 기존에 CRM을 진행하던 기업을 중심으로 재활성화가 진지하게 진행되고 있고, 산업간의 차별성을 반영하는 등 고무적인 현상들이 일어나고 있다.

우리는 이 책을 통해 재차 CRM은 부분적인 접근보다는 총체적인 관점(holistic view)이 필요하며, 이를 위해 CRM의 여러 구성요소들(CRM 체제 구축, CRM 활동운영, CRM 현장실행)의 균형적인 이행의 중요성을 깨달았다. 또한 조직 내에서 CRM을

지속적으로 유지하기 위해서는 CRM의 장기적인 목표의 구현과 단기적인 성과의 달성 사이의 균형을 이루어야 함과 마케팅 과제를 중심으로 역동적으로 CRM을 운영하여 매번 고객에 대한 학습을 축적해나가야 함도 알게 되었다.

실무 차원에서는 CRM의 근간인 데이터에 좀더 노력을 기울여야 하고, 고객의 가치를 산정함에 있어서 현재가치뿐만 아니라 미래가치도 고려해야 하며, CRM도 광고와 마찬가지로 일종의 고객과의 커뮤니케이션의 방식으로 취급되어야 함을 알게 되었다.

마지막으로 이 책을 끝마치며 CRM과 관련하여 반드시 명심해야 할 몇 가지 중요한 사항에 대해 다음과 같이 정리하고자 한다

첫째, CRM의 본질을 잘 이해해야 한다.

즉 고객을 기업목적 달성을 위한 수단으로 보지 않고 기업 시스템의 중요한 구성인자로 간주하여야 하며, 고객을 위한 가치창조를 해야 한다.

둘째, CRM의 적용대상의 범위에는 제한이 없다.

CRM은 고객이 있는 모든 기업[대기업이나 중소기업, 제조업이나 서비스업, 소비자 대상기업(B to C)이나 기업체 대상기업(B to B), 일반기업이나 공공기업 · 기관 등]에 적용될 수 있다.

셋째, CRM의 실행방법에는 정형적인 틀이 반드시 있는 것은 아니다.

CRM의 적용방법은 기업의 규모나 산업의 종류에 따라 융통성이 있다. 예를 들면 중소기업에는 대기업에서 필요한 고도화된 분석기법과 IT 시스템 등이 필수적인 것만은 아니다.

경쟁사간 서로 비슷한 조직역량과 CRM 수행역량을 가지고 있다면 CRM 구현상 차별점은 결국 "누가 얼마나 창조적으로 CRM을 운영할 수 있는 마인드를 가지고 있는가?"일 것이다

CRM의 본질을 인식하고 실천하려는 경영자의 강력한 의지, 자사의 상황에 맞는 독창적인 CRM의 전략과 과제의 수립, 조직과 연계된 생명력 있는 CRM의 실행, 끊임없이 시도되는 고객과의 1 : 1 교감의 지향 등은 CRM의 기나긴 여정(a long journey)에 절대적으로 필수적인 조건이 될 것이다.

CRM이 처해진 위기를 극복하여 달려나아가 성공을 하는 여부는 전적으로 CRM 실무자인 우리들 자신에 달려 있다. 독자들의 건승을 기원하는 바이다.

"CRM의 엔진을 힘차게 돌려라!"

부 록

Ⅰ. CRM 프레임워크의 적용 예시
Ⅱ. 고객 로열티 프로그램 관리
Ⅲ. 콜센터와 고객접촉센터
Ⅳ. 서비스와 CRM

부 록

Ⅰ. CRM 프레임워크의 적용 예시

CRM 프레임워크를 구체적으로 「신용카드」의 경우에 적용해 봄으로써 이 책을 읽는 분들에게 현실감을 부여할 수 있을 것이다. 그 내용은 전체 내용 중 극히 일부분만을 예시화한 것임을 미리 알려드린다.

1. 신용카드산업의 특징

- 규모의 경제가 적용되며, 대규모 장치산업이며, 자본회수가 장기
- 기술과 고객 니즈의 빠른 변화에 대처 필요
- 개인 · 법인 고객을 대상으로 하는 사업과 가맹점을 대상으로 하는 사업으로 구성(이 부록에서는 개인고객 사업에 국한한다)
- 신용 리스크(risk)와 카드 매출(revenue)의 균형적인 관리가 경쟁력과 수익성의 결정요소
  - 신용관리 : 입회 · 한도 · 승인 · 회수 관리
  - 마케팅 : 고객세분화(micro-segment), 카드 수수료 산정(pricing)

- 포트폴리오 관리 : 자산 · 상품 · 고객의 포트폴리오
- 수익구조 : 이자수익, 비이자수익 리스크 비용, 이자비용, 운영비용 등

• 시장의 포화단계로 신규고객 영업보다는 기존고객 관리의 중요성 배가

2. 신용카드 사업주체 유형

• 은행계와 전문계로 대분

- 은행계 : 은행고객의 기반으로 하여 금리 등의 경쟁력을 내세움
- 전문계 : 일반기업의 역량을 활용하며, 공격적인 마케팅 구사

3. 신용카드 사업운영 유형

• 몇 가지 사업운영 유형이 존재하나 격심한 경쟁으로 그 구분이 모호해짐

- 상품 · 시장 주도형 : 범용상품으로 시장 점유율의 선점을 중시 여김
- 신용관리 우위형 : 신용관리 역량을 기업의 핵심 경쟁우위로 삼음
- 마케팅 차별형 : 신상품 개발, 제휴 마케팅 등으로 고객가치 창출
- 고객관계 확장형 : 신용카드를 고객과의 관계강화의 도구로 활용

4. 신용카드의 CRM 현황

• 신용카드는 CRM이 적용되는 전형적인 산업임
 - 데이터를 이용한 마케팅과 고객의 생애주기별 고객관리
 - 4P 위주의 일반 마케팅 요소와 데이터베이스 마케팅 요소가 공존
 - 상품 거래의 성격이 RFM이 적용되며, 마케팅 활동을 통해 고객의 행동 변화를 추구

5. 전사전략과 CRM 연계(예시)

① 은행계

신용카드를 타 금융상품과 묶어서 은행 신규고객에 교차판매

② 전문계

전체그룹 고객대상 통합 로열티 프로그램의 개발시 카드가 주축 역할

6. 신용카드 CRM 프레임워크(예시)

① 체제 구축

CRM과 마찬가지로 고객의 획득 · 개발 · 유지를 기준으로 신용카드 마케팅 전략이 세워져 있으며, 발달된 데이터베이스와 운영 시스템, 응용 프로그램이 구축되어 있음

② 활동운영

고객활성화, 고객이탈 방지 등 다양한 CRM 과제가 존재하며, 마케팅팀과 고객관리 전담팀이 중심이 되어 CRM 활동 사이클을 관리

③ 현장실행

고객획득은 다이렉트 마케팅 수단과 영업사원, 혹은 은행창구 직원 위주로 이루어지며, 고객유지는 콜센터의 상담요원에 의해 이루어지므로 서로 다른 실행방법 사용

7. CRM 목표와 전략(예시)

① 목 표

- 고객 생애가치(life-time value) 극대화
- 신규고객의 반복이용 고객화와 그 후 관계 강화를 통한 충성고객화
- 고객관계 강화를 통한 고객유지 제고

② 전 략

- 고수익 고객군에 대한 차별화된 서비스 제공
- 특정 고객군을 대상으로 한 상품 개발 : 여성, VIP, 군인, 공무원, 현금서비스, 할부, 신용판매 주 이용 고객 등
- 가격정책과 CRM 연계 : 고객 수익성과 신용 리스크에 따른 금리 차별화
- 고객유지 전략 : 기존고객 지키기, 위험고객 안정화, 이탈고객 재유치 등

8. CRM 과제(예시)

① 신규고객 대상과제

- 가입 축하전화(welcome call)
- 미가동 고객 활성화

② 기존고객 대상과제(고객개발)

- 현금서비스 이용고객의 신용판매 이용 유도
- 소액이용 고객 상향판매(upsell)
- 이용 후 휴면고객 활성화

③ 비이자수익 확대 마케팅 프로그램 운영

④ 고객유지(기존고객 관계강화)

- 고객 이동관리(상향이동 유도, 하향이동 방지)
- 우수고객 유지(고객만족, 고객 로열티 프로그램)
- 고객이탈 방지 프로그램
- 만기도래 고객 대상 프로그램
- 고객의 소리, 불만 관리
- 이탈고객 윈백(winback) 프로그램
- 고객 전환비용(switching cost) 관리

9. CRM 프로세스(예시)

① 고객유지 과제 도출업무 프로세스

고객유지(retention) 정의→고객유지율 측정→이탈사유 · 패턴 파악→이탈손실 측정→가설 수립→고객유지 과제 도출→이탈방지 비용 측정→실행

② 고객의 이탈방지 과제의 경우 텔레마케팅 업무 프로세스 수립

스크립트 작성→고객정보 정리→시스템 화면 개발→고객별 제안유형 결정→상담원에게 재가격 설정(repricing) 재량권 부여→실행→분석 및 피드백

10. CRM 인프라(예시)

① 데이터

- 카드이용 정보(연간 이용금액, 연간 이용한도, 연간 이용건수, 건당 평균 이용금액, 분기별 이용금액, 연평균 할부기간, 연간 총 연체금액, 연간 총 연체횟수, 연간 한도초과 승인 횟수·금액 등)
- 인적 사항 정보(성별, 직업, 연령, 카드 가입기간, 회원 구분, 결혼 여부, 주거사항, 거주지역 등)
- 신용정보
- 접촉정보·상담정보
- 외부정보(타사 거래정보, 타사 신용정보 등) 등

② IT

- 데이터 웨어하우스(data warehouse) : 대량의 고객거래 데이터를 처리하여 고객이해 추출
- 분석 CRM : 데이터 마트, 분석 시스템, OLAP 필수
- 운영 CRM : 콜센터 CRM 응용 프로그램이 중요

③ 조 직

- 데이터를 근간으로 하는 비즈니스이므로 전조직의 CRM화가 가능함
- 신용관리 조직과 마케팅 조직의 분석작업 연계
- 백 오피스(back office)의 운영과 프런트 오피스(front office)를 연계하여 고객에게 실시간 서비스 제공

④ 채 널

- 콜센터 위주 고객접점 활동
- 인터넷을 통한 셀프 서비스(self service) 비율 증가
- 은행계인 경우 창구직원의 역할 비중 높음

11. CRM 활동운영(예시)

① 데이터

- 제휴기관의 정보를 활용한 잠재 우수고객 발굴
- 고객상담 내용의 코드화

② 고객이해

- 고객별 수익성 산출 : 가맹점 수수료+연회비−이자비용−충당금−연체상각비용
- 고객군별 이용행태 분석 : 가맹점 이용군, 현금서비스 이용군 등
- 분석을 통한 고객유지 : 예측 모델링을 통한 고객이탈 방지과제 개발

③ 고객제안

- 가격 : 금리(현금서비스, 할부, 카드론, 연체, 연회비 등)

• 사용한도(신용판매, 현금서비스, 해외사용 한도 등)
• 카드 업그레이드(upgrade) 및 추가(골드카드 · 가족카드 등)
• 부가서비스(무이자 할부, 이동통신, 주유소, 음식점 등 가맹점 할인쿠폰, 캐시백, 사은품, 이벤트 행사 초청, 경품 행사 등)

④ 고객 상호작용

• 가입신청서, 청구서, 고객만족센터 등을 통한 고객과의 지속적인 대화 유지([그림 1] 참조)
• 카드 승인시 단문자 서비스(SMS), 청구서의 e-메일 송부, 인터넷 콜센터(internet call center) 등 오프라인(off-line) 기반의 1 : 1 커뮤니케이션 진행

⑤ 고객관계

• 고객의 장기거래, 우수 고객화를 위한 로열티 프로그램 진행
• 스마트(smart) 카드의 등장으로 인해 릴레이션 마케팅의 확장이 예상됨

12. CRM 현장실행

① 콜센터

• 상담원 대상 캠페인 운영과 시스템 사용법 교육
• 인바운드와 아웃바운드 상담원별로 별도의 캠페인 할당
• 상담원의 마케팅 과제 실행 관리(㉎ 스크립트 입력 여부)
• 상담원 개인별 성과에 따른 인센티브 제공

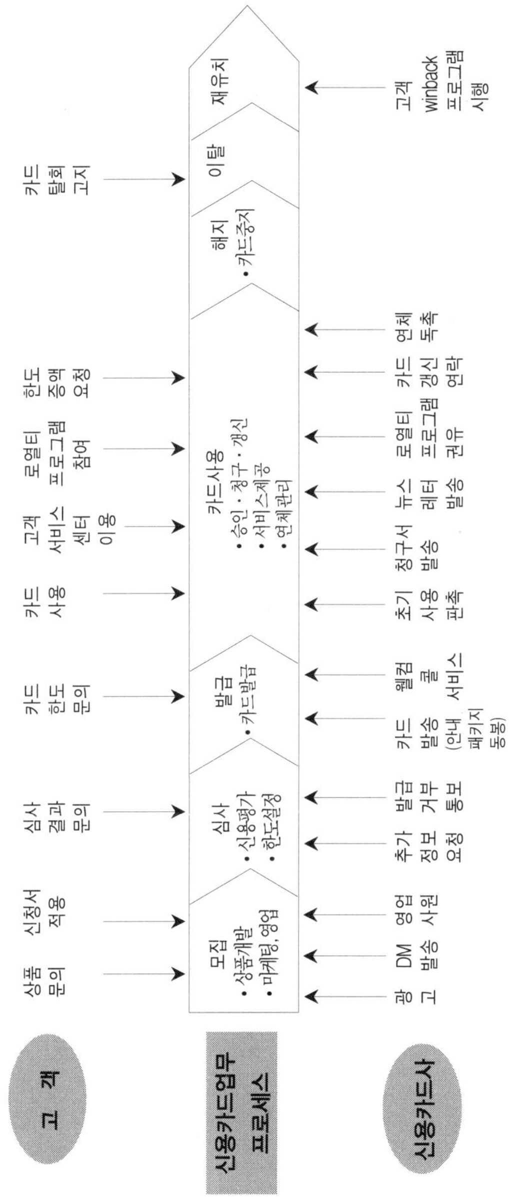

[그림 1] 신용카드의 경우 고객 상호작용(interaction)의 예시

② 주요 지표 관리

- 고객 사용률, 고객 총 사용금액, 상품별 사용금액(신용판매, 현금서비스, 할부 등), 연회비 입금률
- 신규카드 발급률, 신규고객 가동률, 무실적고객 가동률, 갱신고객 갱신률
- 고객 유지율, 고객이탈 등

Ⅱ. 고객 로열티 프로그램 관리

고객 로열티 프로그램(이하 '로열티 프로그램')은 고객과의 관계를 강화시킬 수 있는 CRM의 중요한 수단이다. 최근에 범람하는 포인트나 마일리지 프로그램은 고객관리 측면보다는 판매촉진의 성격이 강조되어 로열티 프로그램의 본말을 흐리고 있다.

따라서 로열티 프로그램의 프레임워크를 살펴봄으로써 로열티 프로그램에 대한 독자들의 올바른 이해를 돕고자 한다.

1. 로열티 프로그램의 개요

로열티 프로그램의 전반적인 목적은 고객의 생애주기에 걸쳐 고객과 기업의 관계가 결속되도록 고객의 행동을 변화시키는 데 있다. 즉 신규고객을 획득하여 우수고객으로 개발하고, 충성도 있는 고객으로 유지하기 위한 일련의 통합적인 마케팅 프로그램이다.

로열티 프로그램은 거래의 빈도나 양의 증가로 인한 매출의 제고, 우수회원의 이탈 감소와 가격저항 저하로 인한 수익의 제고, 신규고객 발굴의 필요성 감소로 인한 고객획득 비용 절감 등의 기대효과가 예상되지만 프로그램의 과다한 운영비용의 책정 및 프로그램의 운영의 장기화 등에 대한 비판도 있는 것이 사실이다.

로열티 프로그램의 발전은 초기에는 고객의 특정행동 변화에 대한 보상의 형태에 초점이 맞추어지지만 차츰 시간이 갈수록 축적된 고객 데이터를 활용하여 고객행동에 대한 이해를 높여가고, 궁극적으로는 고객 개개인과의 관계 중심의 프로그램으로 진화하여 고객의 자발적인 참여를 유도해나가는 진보된 모습을 보이고 있다.

2. 로열티 프로그램 프레임워크

로열티 프로그램의 프레임워크(framework)는 [그림 2]에서 살펴보듯이 전략의 수립과 프로그램의 개발과 프로그램의 실행으로 크게 세 부분으로 나뉘어진다.

전략 수립은 마케팅 전략 수립, 프로그램의 경제성 분석이 있으며, 프로그램 개발은 프로그램 구조 개발, 제휴 관리 등으로 이루어지고, 프로그램 실행은 프로그램의 이행관리, 커뮤니케이션 관리, 결과 측정, 보고 관리로 구성된다.

3. 로열티 프로그램 전략 수립

로열티 프로그램 전략 수립을 위해서는 우선 현황조사를 통하여 경쟁상황과 고객의 니즈 파악, 프로그램의 타당성 여부 조사, 필요시 기존 프로그램의 평가 등을 실시해야 한다.

일반적으로 로열티 프로그램의 실행목적은 우량고객의 유지가 주가 되지만 우량 잠재고객의 획득이나 일반고객의 우량고객화 등 고객개발의 목적을 달성하기 위해서도 쓰이며, 고객을 이해하여 고객에 대한 의사결정을 원활하게 하기 위해 고객의 정보를 수집하는 목적으로도 활용될 수 있다.

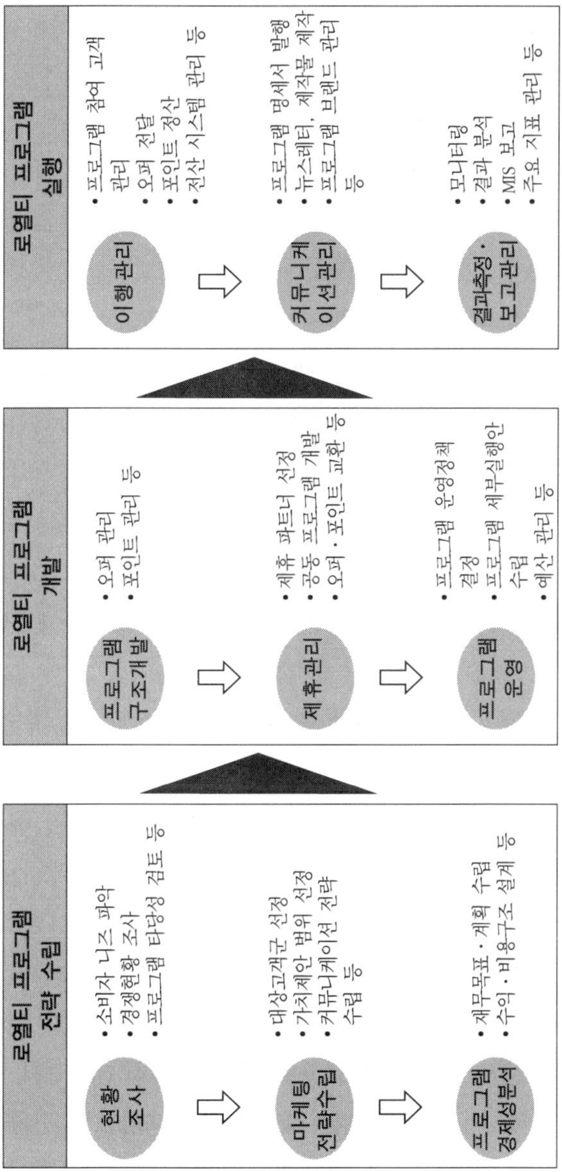

[그림 2] 로열티 프로그램 프레임워크

또한 로열티 프로그램은 영국의 테스코(Tesco)사와 같이 전사 전략과 연계되어 전략적으로 사용될 수도 있지만 하나의 마케팅 프로그램 차원으로 활용될 수도 있다.

로열티 프로그램의 마케팅 전략 수립은 어떤 고객군을 프로그램의 대상으로 할 것이며, 그에 따라 필요한 가치제안을 어떻게 만들어내고, 어떤 커뮤니케이션 방법과 채널을 사용할 것인가를 계획하는 중요한 과정이다.

예를 들어 우수고객만을 대상으로 할 것인지, 잠재성 있는 일반고객을 포함할 것인지에 따라 서로 다른 가치제안이 필요할 것이다.

또한 아무리 좋은 오퍼도 그것을 수용할 수 없는 고객층에게는 의미가 없다. 은행의 경우 자산소득이 없는 고객층에게 자산관리 전문가의 어드바이스(advice) 서비스를 제공하는 것은 의미가 없을 것이다.

로열티 프로그램의 경제성 분석은 프로그램의 수익구조와 비용구조의 특성을 파악하여 어느 정도의 재무적 효과를 달성할 수 있는지를 여러 가정을 통해 그 민감도를 가늠해보는 작업이다.

예를 들면 항공산업의 경우는 마진이 높고 고정비가 큰 비중을 차지하는 구조를 가진 반면, 소매업의 경우는 마진도 낮고 변동비가 큰 비중을 차지하는 구조를 가지고 있다.

따라서 양자의 경우는 로열티 프로그램의 경제성이 다를 수밖에 없으며, 이러한 사실은 로열티 프로그램으로 도출될 추가수익의 규모뿐만 아니라 고객에 제공될 오퍼의 가치에도 영향을 미친다.

또다른 예로 신용카드 로열티 프로그램의 경우를 들 수 있다. 고객이 동일한 카드금액을 사용하여 동일한 포인트를 획득한다 하더라도 그 사용상황에 따라 수익은 달라질 수 있다. 거래승인 비용, 거래처리 비용이 같다고 가정할 때 고객이 가맹점 수수료가 높고, 건당 사용금액이 큰 가맹점에서 카드를 사용시 그 반대의 경우에 비해 수익면에서 유리하며, 이러한 사실은 로열티 프로그램의 구조에 영향을 미칠 수 있다.

이외에도 재무적인 측면에서의 로열티 프로그램은 추가매출의 증감 정도, 고객의 포인트 사용 정도, 포인트 비용 산정의 증감 정도, 프로그램 운영비용의 변동 등 여러 요소로 그 민감도(sensitivity)를 테스트할 수 있다.

따라서 CRM 실무자는 로열티 프로그램의 목적이 정해지면 여러 시나리오를 검토해 로열티 프로그램이 우선 전략적으로 성공을 거둘 수 있도록 프로그램의 수익구조를 설계하여야 한다.

4. 로열티 프로그램 개발

로열티 프로그램 개발의 내용은 프로그램 구조 개발과 제휴관리와 프로그램 운영으로 이루어진다. 프로그램 구조개발은 다시 오퍼 관리와 포인트 관리로 나뉘어지는데 오퍼 관리는 고객의 행동변화에 대한 보상의 방법을 다루며, 오퍼의 전략·설계·관리 업무를 포괄한다.

예를 들어 오퍼는 전략에 따라 매출에 정비례하거나 체증 혹은 체감의 비율로 늘어날 수 있으며, 설계에 따라서는 오퍼의 유형이 할인·경품·현금·포인트·추첨·서비스 등의 다양한 형태를 가질 수 있다

포인트 관리는 로열티 프로그램의 제안이 포인트의 유형을

가졌을 때 필요하며, 포인트 가치 산정, 포인트 적립 및 사용 관리, 포인트간의 호환, 고객의 포인트 사용 분석 등을 그 중요 업무로 한다.

포인트와 관련된 첫번째 일은 로열티 프로그램의 전략에 따라 포인트 발생의 원천이 되는 대상상품이나 고객행동을 정하고, 포인트에 대한 룰을 정하는 것이다.

예를 들어 A상품은 교차판매상 전략상품의 구매시나 특정기간에 상품을 추가구매시 추가점수를 주는 것을 생각할 수 있다. 포인트의 가치를 산정할 때는 수익성을 감안해야 하는데 신용카드의 경우 1,000원 사용액에 대해 1마일의 항공 마일리지를 준다면 적어도 50%의 사용액 증대가 발생되어야 손익이 같아진다.

포인트 적립은 전체 포인트가 쌓이는 속도를 주시해야 하며, 항상 적립된 포인트 풀(pool)을 관리하여 일정량의 포인트는 사용이 되도록 유도하여야 한다. 물론 이때에는 쌓아놓았지만 영구히 사용이 되지 않을 포인트의 부분과 적립한 시점과 사용하는 시점간의 기간의 차이에서 오는 영향을 고려하여야 정확한 포인트 관리가 이루어질 것이다.

제휴업체의 개입에 따라 각 참여업체간의 포인트의 가치는 객관적으로 평가가 되어 제휴업체간의 포인트의 호환도 고려하여야 한다.

로열티 프로그램 시행시에는 주체가 자사단독으로 할 것인지, 제휴업체들을 개입시켜 협업을 할 것인지를 정해야 한다. 자사단독 주체란 고객이 자사의 상품 구입에만 포인트를 적립받을 수 있고, 추후 포인트 사용도 자사상품에 제한되게 사용할 수 있는 경우를 말한다.

제휴시는 고객이 좀더 다양한 경우에서 포인트를 적립하거나 사용할 수 있는 장점이 있으나 협업의 범위도 그 업무의 대상을 포인트의 사용처로만 제휴를 국한할 것인지, 적립처로서의 역할도 포함시킬 것인지를 결정해야 한다.

예를 들어 신용카드사의 경우 모든 가맹점에서 사용한 카드 사용액에 대해 포인트를 제공받으며, 그 포인트는 항공사·호텔·자동차렌트사·음식점 등 전형적인 제휴업체에서 제휴업체의 상품과 서비스를 이용하는 데 사용할 수 있다.

로열티 프로그램 운영은 프로그램 자체의 관리를 목적으로 하며, 그 구체적인 업무내용은 로열티 프로그램과 고객관리 프로그램의 일원화, 기존 유사 프로그램의 통합 및 폐합, 로열티 프로그램의 다원화, 로열티 프로그램의 업그레이드, 유효기간 관리, 포인트의 만료 관리, 연회비의 부가, 프로그램의 아웃소싱, 스마트 카드 등의 신기술의 채택 등의 업무를 다루고 있다.

특히 로열티 프로그램은 시간이 지남에 따라 발전단계를 거치거나 프로그램의 정책을 수정할 필요가 있으며, 프로그램의 규모가 커져 운영비용이 커질 수 있다. 또한 고객을 대상으로 캠페인 관점에서 여러 마케팅 요소들을 테스트할 수 있는데 프로그램 운영은 이와 관련된 관리도 포함하고 있다.

5. 로열티 프로그램 실행

로열티 프로그램의 실행은 프로그램의 이행 관리, 커뮤니케이션 관리, 결과 측정과 보고 관리로 나뉘어진다.

프로그램의 이행(fulfillment) 관리는 고객의 로열티 프로그램 참여에서부터 포인트의 사용을 거쳐 탈회까지 제반업무의 처리를 의미한다. 즉 프로그램 신청 및 가입업무, 전화를 통해 포인트 관련 문의, 포인트 가치에 부합되는 사은품 배송, 로열티 프로그램의 전산 시스템과 데이터베이스 구축, 새로운 업무 프로세스를 개발하는 등 로열티 프로그램의 실무처리와 관련된 모든 백 오피스(back office) 지원업무를 처리하는 것을 말한다.

CRM 실무자는 로열티 프로그램의 실행 전에 이행관리에 필요한 조직과 인력과 시스템 등의 준비에 만전을 기해서 고객이 로열티 프로그램의 서비스에 대한 경험시 실수를 하지 않도록 해야 한다. 충성도 있는 고객에게 보상을 하며, 불쾌감을 주는 일은 있어서는 안 될 일이다.

커뮤니케이션 관리는 필요시 고객에게 포인트 명세서를 보내주거나 포인트 사용 안내나 프로그램의 상품을 소개하는 목적의 카탈로그나 정기적인 DM 패키지나 뉴스레터를 발간하는 활동뿐만 아니라 연간 추가판촉 캠페인, 로열티 프로그램의 브랜드화, 필요시 로열티 프로그램에 대한 매체광고 등의 커뮤니케이션 활동 등을 지칭하며, 이는 로열티 프로그램의 활성화에 중요한 역할을 한다. 특히 독창적으로 커뮤니케이션을 할 수 있는 역량을 갖추는 것은 매우 중요하다.

로열티 프로그램의 결과 측정과 보고 관리는 프로그램의 과정과 결과를 추적하여 목표달성 여부를 측정하고 보고하는 업무로서 프로그램의 수정과 존립 여부와 예산의 조정 등의 결정의 근거가 된다.

측정의 주요 내용은 프로그램에 대한 인지도, 프로그램 사용률, 고객 유지율, 고객 이탈률, 고객 활성화율, 고객획득 비용 등이다.

6. 기 타

서두에 로열티 프로그램을 '고객' 로열티 프로그램이라고 표현한 이유는 '직원' 로열티 프로그램이라는 상대적인 개념과 구별하기 위해서였다. 고객과 직접 접촉하는 직원의 로열티가 높아야 직원이 고객에게 양질의 서비스를 제공하고, 이에 따라 고객의 로열티가 높아진다는 것은 상식적인 일이다.

로열티 프로그램은 무엇보다도 휴먼 터치(human touch)가 필요하며, 그에 따라 직원에 대한 변화 관리와 성과에 대한 평가체제와 인센티브가 필수적이다.

이상에서 살펴보았듯이 로열티 프로그램은 단순한 형태의 판촉 프로그램이 아니라 여러 요소를 고려해야 할 총체적 프로그램이다. 좀더 고객을 이해하거나 고객관계를 강화하는 데 전략적으로 이용하지 못하고, 수년 동안 포인트 비용과 운영비용을 지불한다면 그것은 엄청난 낭비일 뿐이다.

로열티 프로그램 운영사례 ··················▶

카드 포인트도 '돈', 5년 내에 모두 써라

매달 평균 50만 원을 신용카드로 결제하는 6년차 회사원 최모(여 · 30)씨. 지금까지 꾸준히 모아온 카드 포인트만 해도 자그마치 6만7,000점. 그런데 12월 카드이용대금 명세서에서는 오히려 1달 전보다 1,000점이나 줄었다. 도대체 어떤 일이 벌어진걸까?

• 포인트 유효기간은 5년이라는 점을 명심하자

최씨가 간과했던 것은 바로 카드 포인트는 5년이 지나면 자동소멸된다는 사실. 현재 대부분 신용카드사는 결제금액의 평균 0.2%

를 포인트로 적립해준 뒤 5년 내 사용하지 않으면 다시 차감하고 있다. 최씨의 경우 5년 전에 쌓아놓고 사용하지 않았던 포인트 1,000점이 유효기간 경과로 사라져버린 것이다.

물론 그 책임은 카드사에도 있다. 28일 소비자보호원이 발표한 조사결과에 따르면 신용카드사 10곳 중 8곳이 회원에게 포인트 소멸 예정시기를 제때 안내하지 않고 있어 고객입장에서는 마땅히 소멸시기를 알 방도가 없기 때문이다. 카드사별로 보면 포인트 관련 피해구제 접수 92건 중 현대카드(44.5%), 삼성카드(13.0%), 비씨카드(10.9%) 등의 순으로 소비자 불만이 가장 많이 접수된 것으로 나타났다.

• 포인트는 '돈', 소멸되기 전에 사용하라

금융감독원에 따르면 지난 2002년부터 올 6월까지 유효기간 5년을 넘겨 자동소멸된 카드 포인트가 모두 1,425억 점에 달한다. 포인트는 '1점=1원'의 효력을 지닌 '준(準)화폐'라는 점을 감안한다면 1,425억원이 허공에 날아간 셈이다.

때문에 고객입장에서는 자신의 포인트 소멸시기를 파악한 뒤 빨리 사용하는 게 중요하다. 다행히 일부 카드사들은 내년 1월부터 포인트 소멸시기를 이용대금 명세서에 표기하기로 한 만큼 이를 적극 활용해보자. 카드사 관계자는 "곧 유효기간이 끝나는 포인트를 보유하고 있다면 카드사의 연말 이벤트에서 포인트로 물품을 싸게 구입하거나 포인트 기부를 활용하는 게 좋다"고 말했다.

『문화일보』(2005.12.28), 신보영 기자

Ⅲ. 콜센터와 고객접촉센터

1. 콜센터의 기존업무

콜센터는 기본적으로 전화를 통해 고객에게 상담 서비스를 제공하는 업무를 제공한다. 이를 위해 음성을 기반으로 하는 전화장비에 일상업무와 데이터 처리를 위해 전산 시스템을 연계시키고, 상담원 조직을 갖추어 관리하고 있다.

전화의 유형은 대부분 인바운드(inbound)이고, 기존업무의 내용은 상품에 대한 안내·상담·주문·불만·민원처리 등이 주를 이루며, 관리의 초점은 상담원 개개인이 제한된 기간 내에 얼마나 많은 전화를 처리하는가에 맞추어져 있다.

따라서 콜센터 운영상 효율성과 생산성이 그 주요 업무목표가 되며, 상담원에 대한 교육·업무평가·성과관리 등이 중요한 업무수단으로 간주된다.

따라서 유입되는 전화량의 감소, 상담원의 생산성 증대, 콜처리 비용과 간접비용의 절감, 예상 콜 수에 따른 상담원의 수급 등이 주요한 업무지표가 되었다. 특히 상담원의 역량은 중요한 성공요소로서 상담원의 생산성과 동시에 품질을 관리하였으며, 이때 관리의 주체로서 상담팀장(supervisor)이 그 역할을 담당한다.

시간이 지남에 따라 콜센터는 영업을 지원하거나 특수한 목적을 위해 텔레마케팅(telemarketing) 등의 업무를 부분적으로 시행하기 시작하였으며, 이들의 유형은 아웃바운드(outbound)

콜의 형태로 확대되었다. 인바운드 콜이 고객의 요청에 대응하는(reactive) 성격을 가진 반면 아웃바운드 콜은 고객의 요청에 앞서 기업이 적극적(proactive)으로 고객을 접촉하는 성격을 가지고 있다.

신용카드의 경우의 예를 들면 고객상담을 전담하는 기존의 인바운드 상담센터 이외에 마케팅 부서나 영업부서 산하에 고객이탈 방지를 위해 만기도래 고객을 대상으로 하는 아웃바운드 콜을 전담하는 단위조직이 생겨났으며, 한편으로는 신용카드 고객을 대상으로 자동차보험을 판매하는 보험 텔레마케팅 부서가 생겨나게 되었다.

이런 업무들은 각 부서의 필요에 따라 자연발생적으로 생겨났으며, 콜센터 특유의 편리성·접근성·즉시성 등으로 말미암아 업무에 따라서는 기존채널보다 비용도 절감되며, 높은 매출증대 효과를 가져오게 되었다.

하지만 조직 내의 콜센터 장비와 전산 시스템의 중복투자, 인바운드와 아웃바운드의 분리에 따른 콜센터 운영상 괴리, 조직상 상담원 관리의 비효율화 등의 개선이 필요한 부분도 발생되었으며, 고객 관리와 고객정보 관리 측면에서도 고객접촉의 무분별한 중복성, 고객 프라이버시 침해 이슈 등의 운영상의 혼란이 일어남에 따라 점차 콜센터 내부와 외부에서 '통합 콜센터'의 대두를 거론하게 되었다.

이때 콜센터의 통합은 논리적인 통합과 물리적인 통합을 모두 고려하여야 하며, 아웃소싱의 여부도 함께 결정되어야 한다.

2. 통합 콜센터의 역할

콜센터는 내부적으로 인바운드와 아웃바운드간 통합과 수행 업무상의 범위의 확대와 채널 상에서도 새로운 역할을 맡게 되었다.

위에서 살펴본 바와 같이 업무의 기능 측면에서는 기존의 서비스 기능에서 아웃바운드 콜을 중심으로 영업의 지원, 영업의 수행, 마케팅의 지원 등으로 그 영역을 키워나가며, 매출과 수익의 증대를 꾀하게 되었다.

그리고 채널 측면에서는 대면 방식의 기존업무의 일부를 맡아서 수행하게 되었으며, 고객과의 커뮤니케이션 상에서는 비대면 채널의 대표적인 접점이 되었다.

은행의 경우 텔레뱅킹으로 기존에 창구에서 처리하던 입출금·이체업무 등의 거래들이 콜센터를 통해 가능해졌으며, 우편·팩스·이메일·SMS 등 저비용 비대면 채널들의 매체들이 총괄적으로 콜센터에서 관리되기 시작하였다.

또한 통합 콜센터는 오퍼레이션 센터(operation center)의 역할도 병행하여 고객의 입장에서는 일원화된 접점을 접촉하여 원 스톱 서비스(one stop service)를 받을 수 있게 되었다. 즉 고객은 일원화된 고객접점인 콜센터의 대표번호를 접촉하여 상담원을 통해 대부분의 서비스를 받으며, 필요시에는 상담원은 후선 부서와 업무연계를 시켜 고객이 바라는 바를 해결하였다.

이렇듯 콜센터는 숙달된 인력, 정돈된 업무 프로세스, 최신 IT 기술로 업그레이드된 전산 시스템을 바탕으로 하여 새로운 업무 역할을 수행하게 됨에 따라 기존의 비용센터(cost center)

에서 오퍼레이션 센터를 거쳐 점차 수익센터(profit center)로 변모하게 되었다.

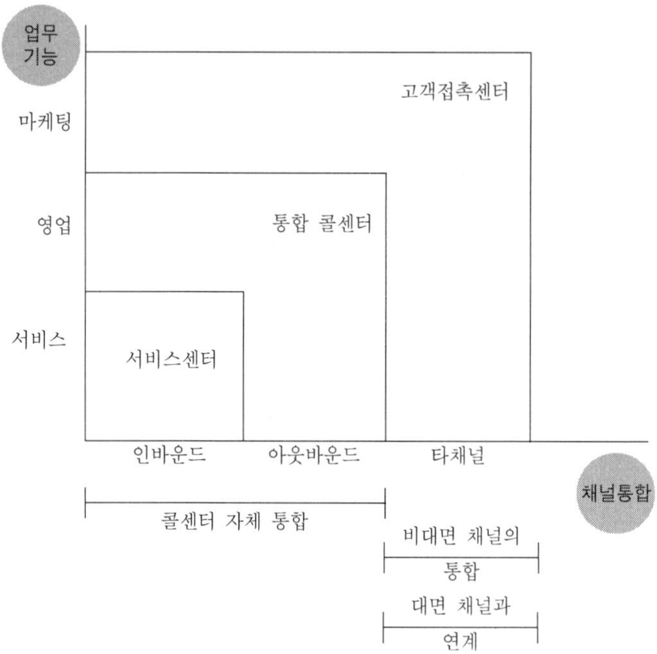

[그림 3] 콜센터의 진화

3. 고객접촉센터(다중채널 컨택트 센터)

수익센터까지 진화된 콜센터는 이후 다음 단계인 고객접촉센터(customer contact center)로 거듭 발전하게 된다. 이는 콜센터에서 고객의 정보를 수집·관리·분석을 하며, 수익의 창출 기회를 파악하는 전략적 활동 등을 하는 것으로 콜센터와 CRM의 만남을 의미한다.

즉 CRM은 마케팅과 영업 기능으로부터 서비스 기능으로 그 영역을 확장하고, 콜센터는 서비스 기능으로부터 영업과 마케팅으로 활동영역을 넓혀감에 따라 필연적으로 생기는 현상이다.

궁극적으로 고객접촉센터는 '고객정보센터' '영업센터' '서비스센터'를 합친 역할을 하게 된 것이다. 콜센터의 CRM의 수용은 콜센터의 전략화에도 영향을 미치어 주어진 범위의 업무처리 중심의 사고에서 벗어나 전사적인 차원에서 가치를 창출할 수 있는 적극적인 태도와 고객 니즈를 반영하는 등 전략적인 사고로 콜센터의 운영방향을 수정해나가는 계기가 되었다.

CRM의 입장에서 콜센터는 여러 가지 장점을 지닌 중요한 채널이자 CRM 효과를 입증하기에 적합한 채널이다. 예를 들어 콜센터는 캠페인의 파일럿(pilot) 수행을 하기에 적합하며, 독립된 업무단위 조직으로 대면채널보다 주변의 간섭이나 제약을 받지 않고 CRM의 수행과 효과 측정이 가능하며, 타 채널들과 연계하여 협업을 할 수 있는 등 많은 장점이 있다.

그리고 고객을 관리하는 '고객배려센터(customer care center)'의 역할도 가능하여 고객 세그먼트별로 상담원을 배정하여 각기 다른 서비스를 제공할 수 있다.

콜센터에서 취급하는 전형적인 CRM의 업무내용으로는 잠재고객의 발굴과 획득, 우수고객의 유지 프로그램, 미활성화 고객의 활성화, 이탈가능 고객의 이탈 예방, 발견된 영업기회(lead)의 전달, 고객 로열티 프로그램의 운영 등이 있다.

채널 관점에서 고객접촉센터는 다중채널 컨택트 센터(MCC : Multi-channel Contact Center)라고도 불리어진다. 그것은 콜센터로 전화·인터넷·자동화기기 등의 비대면 채널이 통합되고, 그에 따라 고객의 상호활동(interaction)과 고객정보가 통합되기 때문이다.

이런 채널 상의 특징은 다양한 채널간의 연계[예를 들어 콜센터+우편+콜센터, 인터넷(internet)+콜센터 등]를 가능하게, 하고 대면 채널을 지원하기도 하며, 고객 중심의 CRM 업무의 활동을 한층 용이하게 한다.

따라서 다중채널 컨택트 센터에서는 여러 채널에서 단일관점으로 고객을 인식하고, 고객에 대한 지식(customer knowledge)이 동시에 공유되며, 동일한 고객관리 원칙이 적용되는 것이 전제조건이며, 콜센터의 인프라를 기반으로 하여 전략 수립과 데이터베이스와 응용 프로그램의 구축이 필수적이다.

콜센터의 업무범위의 확장은 기업의 주요한 의사결정 중의 하나이며, 우선 콜센터 자체에서의 그 필요성을 자각해야 한다. 그 후 확장작업은 여타 조직의 협업이 절대적으로 필요하므로 전사적인 차원에서 다루어져야 한다.

금융기관 콜센터의 업무사례

금융영업 '콜센터 대전투'

14일 대전시 오류동에 있는 하나은행의 콜센터. 2년 경력의 텔레마케터 정수경(25)씨가 부리나케 고객 전화를 받았다. 그는 "요즘 주가가 오른다는데 무슨 펀드가 좋으냐?"는 고객의 돌발 질문에 판매중인 30여 가지 펀드를 술술 설명했다. 콜센터 내 3개 층에 마련된 400개의 부스에선 정씨 같은 텔레마케터들이 쉴 새 없이 고객 서비스를 처리하고 있었다.

정씨는 "한 사람이 하루 평균 100~120통의 전화를 처리한다"며 "통장 잔액조회부터 예금 가입, 대출 상담을 물론 펀드 판매까지 지원한다"고 말했다.

콜센터가 은행과 증권·카드·보험사 같은 금융회사들의 경쟁력 잣대로 떠올랐다. 인터넷·텔레뱅킹 서비스 이용 고객이 크게 늘면서 콜센터가 고객과 만나는 최전선 창구가 됐기 때문이다.

이에 따라 금융사들은 프라이빗 뱅킹(PB) 전문가를 전담 배치키로 하는 등 특화된 콜센터 서비스를 강화하고 있다. 콜센터를 고객관리업무의 '허브(중심)'로 키우는 추세다.

◆ '영업의 심장부'로 부상

국내 최대인 2,000석 규모의 콜센터를 갖춘 국민은행 관계자는 "매달 2,000만~2,500만 건의 업무를 콜센터에서 처리한다"고 밝혔다. 조흥은행 관계자는 "하루 동안 전국 지점을 찾는 고객(8만 명)의 약 25%에 해당하는 이용자를 콜센터에서 소화한다"고 소개했다. 증권·보험사 역시 콜센터의 자동응답전화(ARS)를 포함해 하루 평균 10만 건 이상의 콜센터 업무를 처리한다.

업무범위도 갈수록 넓어지고 있다. 처음엔 잔액조회나 카드 분실 신고 등이 주된 일이었으나 지금은 금융상품 상담과 가입·해지, 카드 한도 조정, 보험 만기 조회와 보험금 지급 신청 등의 업무를 전화 한 통화로 척척 끝낼 수 있다.

콜센터는 특히 새로운 수익창출 부서로 발돋움하고 있다. 신한은행은 지난해 텔레마케팅을 통해 12억 원의 수익을 올렸고, 삼성증권은 올 들어 매달 7,000억 원의 주식 약정과 24억 원의 수수료 수입을 올리고 있다.

신한은행 콜센터 박미아 과장은 "최근엔 예금만기 통지, 해외송금 대행, 연체 관리까지 콜센터가 대신한다"고 말했다.

◆ 튀는 서비스가 무기

이렇게 콜센터가 돈을 버는 창구로 떠오르자 금융사들은 특화 서비스 찾기에 안간힘을 쏟고 있다. 거액 자산가를 위한 PB 업무를 중시하는 하나은행 VIP 고객들을 위해 곧 PB 전문가를 콜센터에 전담 배치할 계획이다.

우리은행은 국내 최초로 영어·중국어·일본어 등 외국어 서비스에 나섰고, 버튼 조작 없이 고객음성으로 업무가 가능한 서비스도 선보였다.

한국증권 고객지원센터 김진 부장은 "업계에서 유일하게 고객의 홈트레이딩 시스템(HTS)에 문제가 있을 때 직접 방문해 처리하는 '찾아가는 서비스'를 운영해 인기를 끌고 있다"고 말했다.

◆ 돈과 인재를 투입하라

더 많은 수익을 내기 위해 정예 상담원을 배치하고, 첨단시설을 갖추려는 경쟁에도 불이 붙었다. 삼성증권은 이미 콜센터 직원의 85%가 투자상담사 자격을 갖고 있다. 우리은행은 덩치 불리기에 한창이다. 상반기에 텔레마케터 70여 명을 새로 뽑아 740여 명의 텔레마케터 군단을 구성했으며. 최근 60명을 더 선발해 10월 말부터 현장에 배치키로 했다.

국민은행은 내년까지 70억 원을 투입해 하드웨어와 상담절차 등 전체적인 리모델링을 끝낼 예정이다. 은행 관계자는 "올해 콜센터를 통해 2만여 건의 신규예금을 유치했는데, 지금 텔레마케팅으로 파는 10여 가지 상품을 내년엔 모든 상품으로 넓힐 계획"이라고 말했다.

주요 금융사들의 콜센터 특징

금융사	인원(명)	특 징
국민은행	1,800	지난해부터 신규예금 유치중. 올들어 2만 건 유치 실적
우리은행	743	화상상담 및 음성인식 전화 서비스 가능
신한은행	170	PDS(예측 다이얼링 시스템) 운용, 고객 데이터베이스를 이용해 대기상담원 상황 등 고려한 뒤 자동 전화연결
하나은행	350	통장조회·예금가입·펀드상담·VIP고객 별도 관리 예정
조흥은행	480	거액재산가 등에 대한 전문상담원 특화 서비스

자료 : 각 금융사

『중앙일보』(2005.10.19), 김동호·김준술 기자

Ⅳ. 서비스와 CRM

서비스는 널리 알려진 개념임에도 불구하고 그 의미가 축소되거나 잘못 사용되는 경우가 많다. 또한 서비스는 향후 CRM과 밀접한 연계가 이루어질 분야임에는 틀림이 없으므로 CRM 실무자들은 서비스에 대한 정확한 관점을 가져야 할 필요성이 있다.

다음에서 간략히 서비스에 대한 이해와 CRM과의 관련성을 살펴보기로 한다(다음에서 기술될 내용은 이론적이거나 과학적인 측면에서 완벽히 증명된 것은 아니지만 실무경험을 바탕으로 한 저자의 견해를 나타내는 것임을 밝힌다. 이 글의 목적은 CRM 실무자들이 서비스에 대해 보다 넓은 관점을 갖도록 지원하는 것에 국한한다).

1. 서비스의 이해

서비스는 고객에게 인사를 잘하거나 친절하게 응대하는 것만을 의미하지 않는다. 매년 신년사에서 기업의 CEO들은 고객만족을 강조하고, 실무자들도 고객만족도의 점수나 순위에 야단법석이지만 그런 기업들이 과연 진정한 의미에서 고객 중심으로 업무를 진행하고 있을까? 또한 '고객만족(customer satisfaction)'이 서비스의 전체라고 인식하는 것도 올바른 생각이 아니다.

서비스의 기능은 [그림 4]에서 보는 바와 같이 여러 각도에서 정의될 수 있다. 서비스는 유형적인 상품과 마찬가지로 하

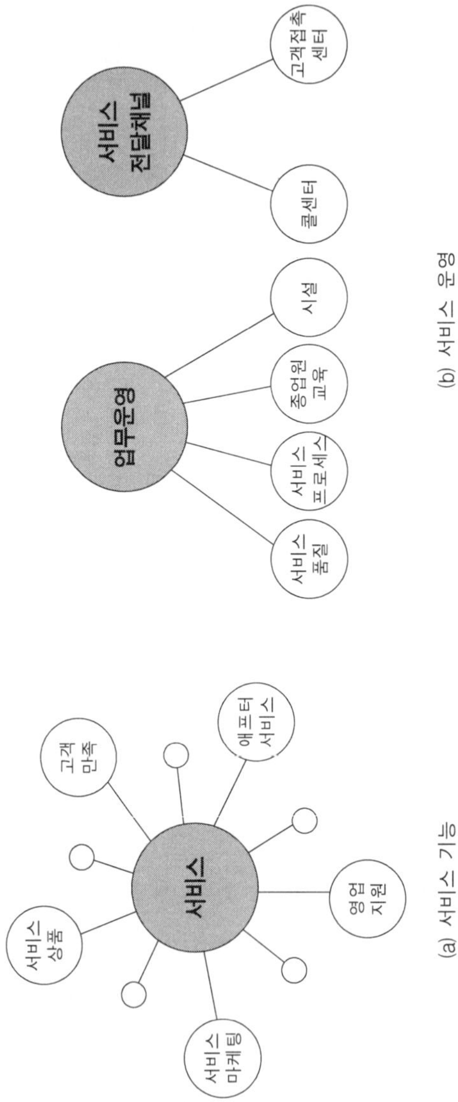

[그림 4] 서비스 기능과 운영

나의 상품으로 개발될 수도 있으며, 영업을 지원하는 수단으로 활용될 수 있다. 때로는 상품을 판매한 후 제공되는 판매 후 서비스(after service)를 지칭하기도 하며, 포괄적으로 고객만족을 뜻하기도 한다. 또한 서비스를 활용하여 마케팅 활동을 강화하기도 하며, 서비스 산업에서는 서비스 마케팅의 영역도 독자적으로 발전되어왔다.

서비스는 운영적인 측면에서는 '서비스 업무 운영'과 '서비스 전달 채널'로 나누어 고려할 수 있다. 서비스 업무 운영의 주요 주제로는 서비스 품질 관리(고객불만 해결 포함), 서비스 프로세스 운영, 종업원의 서비스 교육과 역량 개선, 서비스 관련 시설(facilities)의 구축 등이 있으며, 기존의 서비스에 대한 기업의 활동들은 이 영역의 업무들이 주종을 이루고 있다.

CRM 측면에서도 서비스 프로세스의 자동화의 예를 들 수 있다. 서비스 전달 채널은 다양한 고객과의 접점에서의 일관적인 서비스를 제공하는 것을 목적으로 하고, 그 주요 주제는 기존의 콜센터와 비교적 최근에 주목을 받고 있는 고객접촉센터 등이 있다.

서비스는 서비스의 운영차원을 벗어나 전략적인 차원에서 고려되어야 한다. 기존에 정립된 서비스의 전략의 사례로서는 '서비스 수익 체인(service profit chain) 모델'이 있다. 이는 기업의 수익 증가는 고객의 충성도로부터 기인되고, 고객충성도는 기업이 제공하는 서비스의 가치에 대한 고객만족으로부터 창출된다는 경영개념이다.

서비스 수익 모델 이외의 서비스 전략의 예로서 '서비스 차별화'를 들 수 있는데 고객이 기업에 기여한 가치에 따라 고객에게 부여하는 서비스의 수준을 차등화하여 적용하는 것을 말한다.

CRM 실무자들은 서비스를 대할 때는 보다 전략적 관점에서 바라보고, 고객과의 관계에 이를 어떻게 활용할 것인가를 생각하여야 한다.

2. 서비스와 CRM

서비스는 업무 기능적인 측면에서는 영업과 마케팅과 함께 CRM의 중요한 기능에 일부분으로 포함되고 있다. 근본적으로는 서비스와 CRM은 서로 독자적인 영역을 가지고 있는 반면 서로 공통점이 있으며, 보완적인 관계를 가지고 있다.

보다 구체적인 이해를 위해 서비스의 대표적인 개념인 고객만족과 CRM을 중심으로 설명하기로 한다.

고객만족이 기업의 대고객 서비스에 대한 고객의 만족도의 측정과 대고객 서비스 업무의 개선에 초점이 맞추어졌다면, CRM은 고객의 행동을 변화시키고 고객관계를 강화하여 고객가치를 제고하는 데 주력한다.

그러나 양자 공히 고객을 중심에 두고 제반 업무를 진행하며, 고객 담당자가 지정되어 해당업무를 주관하는 공통점을 가지고 있다. 또한 고객만족과 CRM은 고객유지에 기여하여 궁극적으로는 고객충성도(customer loyalty)를 제고하는 연관성을 가지고 있다.

[그림 5]는 위에서 언급한 고객유지에 관련하여 고객만족과 CRM의 연관성을 단순하게 도식화하여 보여주고 있다. 고객만족은 브랜드, 상품 속성, 품질, 가격, 고객정책, 종업원 역량, 고객의 소리 등에 의하여 영향을 받으며, 고객만족이 높을수록 고객의 유지가 향상되는 연결구조를 가지고 있다. 이에 반해

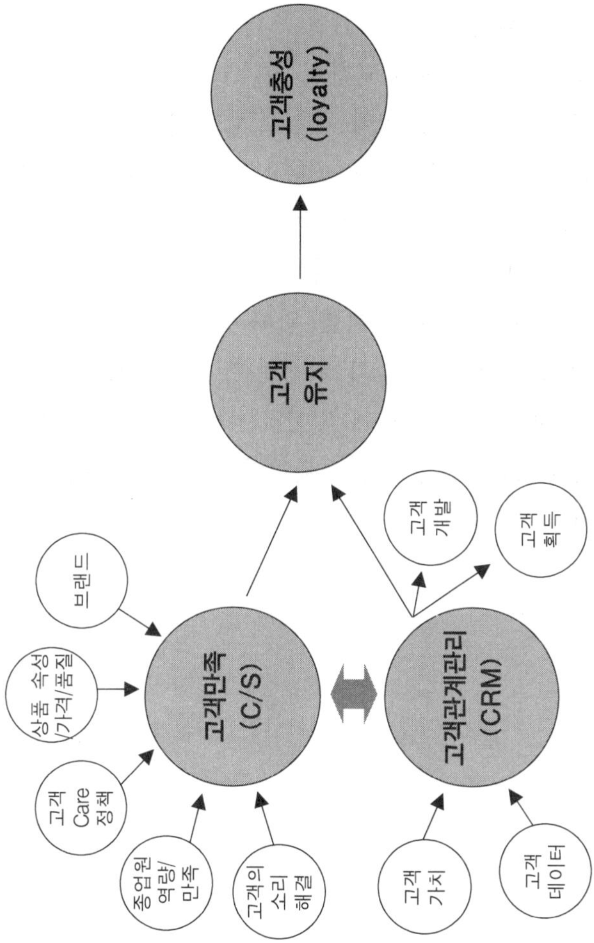
고객충성 (loyalty)
고객 유지
고객만족 (C/S)
고객관계관리 (CRM)
고객 개발
고객 획득
브랜드
상품 속성 /가격/품질
고객 Care 정책
종업원 역량/ 만족
고객의 소리 해결
고객 가치
고객 데이터

[그림 5] 서비스와 CRM

CRM은 고객가치와 고객 데이터에 직접적인 영향을 받으며, 고객획득과 고객개발과 함께 고객유지 활동을 영위하고 있다.

이때 고객만족과 CRM은 서로 다른 접근방법으로 고객유지에 공헌하고 있다. 또한 기업이 고객 중심으로 나아갈 때 고객만족과 CRM은 서로에게 보완적으로 도움을 주고받을 수 있다.

예를 들어 고객의 소리와 관련해서는 서비스 측면에서 고객의 문제를 해결할 뿐 아니라 CRM 측면에서 고객 데이터를 수집하고 고객의 니즈를 파악하며, 실시간으로 커뮤니케이션을 하는 장으로서 이용할 수 있다

향후 기업의 경쟁력 강화를 위해서는 CRM 분야와 함께 서비스 분야의 활용도는 점차 커져갈 것이다. 따라서 CRM 실무자들은 서비스가 CRM 상에 의미하는 바를 정확히 이해하여야 하며, 이를 CRM 활동으로 구체화하는 작업에 만전을 기해야 할 것이다.

참고문헌

1. 국내

딕 리, 『돈되는 CRM』, 물푸레, 2001

로버트 E. 웨일랜드, 폴 M. 콜, 『관계가치경영』, 세종서적, 1998

박찬욱, 『한국적 CRM 실천방안』, Sigma Insight, 2005

스탠리 브라운 외, 『세계최고 기업들의 CRM 전략』, 21세기북스, 2001

제임스 헤스켓 외, 『서비스 수익 모델』, 삼성경제연구소, 2000

최정환, 『과학적 경영을 위한 CRM』, 다산출판사, 2005

최정환 · 이유재, 『죽은 CRM 살아있는 CRM』, 한언 2001

최정환 · 최종학, 『CRM을 위한 데이터베이스 마케팅』, 다산출판사, 2001

크리스틴 앤더슨, 캐롤 커, 『CRM의 기술』, 지식공작소, 2004

토니 크램, 『믿을 수 있는 고객만들기』, 미래의 창, 2004

패트리샤 세이볼드, 『고객혁명』, 나노미디어, 2002

패트리샤 세이볼드, 『인터넷 시대의 기업전략』, 나노미디어, 1999

프레데릭 뉴웰, 『CRM 절대로 하지 마라』, 세이북스, 2003

프레데릭 뉴웰, 『CRM.com』, 21세기북스, 2000

2. 국외

Arthur M. Hughes, *Strategic Database Marketing, The Masterplan for Stating and Managing a Profitable, Third Edition, "Customer-Based Marketing Program"*, Probus Publishing Company, 2005

Arthur M. Hughes, *The Customer Loyalty solution, What Works in Customer Loyalty Programs*, McGrow Hill, 2003

Clive Humby & Terry Hunt with Tim Phillips, *Scoring Points, How Tesco is Winning Customer Loyalty*, Kogan Page, 2004

Dick Lee, *The Sales Automation Survival Guide, Everything you Needs to Know, Before You Need to Know it*, Better Books, 1998

Don Peppers, Martha Rogers, *Managing Customer Relationships, A Strategic Framework*, John Wiley & sons, 2004

Donald A. Marchand, William J. Kettinger, John D. Rollins, *Information Orientation, The link to Business Performance*, Oxford University Press, 2001

Donald A. Marchand, William J. Kettinger, John D. Rollins, *Making the Invisible Visible, How Companies Win With the Right Information, People and IT*, John Wiley & Sons, 2001

Frederick F. Reichheld, *The Loyalty Effect, The Hidden Force Behind Growth, Profits, and Lasting Value,* Harvard Business School Press, 1996

Jeff Zabin & Grexh Brebach, *Precision Marketing, The New Rules for Attracting, Retaining and Leveraging Profitable Customers,* John Wiley & Sons, 2004

Jill Dyche, *The CRM Handbook, A Business Guide to Customer Relationship Management,* Addison-Wesley, 2002

Jill Griffin, *Customer Loyalty, How to Earn it, How to Keep It*, Lexington Books, 1995

Jill Griffin, *Customer Winback, How to Recapture Lost Customers-And Keep Them Loyal*, Jossey-Bass, 2001

John Mckean, *Information Masters, Secrets of Customer Race,* John Wiley & Sons, 1999

Malcolm Mcdonald, Beth Rogers, Diana Woodburn, *Key Customers, How to Manage them Profitably*, Elsevier, 2000

Melinda Nykamp, *The Customer Differential, The complete Guide to Implementing Customer Relationship Management*, AMACOM, 2001

Michael D. Johnson, Anders Gustafsson, *Improving Customer Satisfaction, Loyalty, and Profit, An Interated Measurement and Management System*, Jossey-Bass, 2000

Paul Greenberg, *CRM at the Speed of Light,* Third Edition, "Essential Customer Strategies for the 21st Century", McGrow Hill, 2004

Philip Bligh, Douglas Turk, *CRM Unplugged, Releasing CRM's Strategic Value*, John Wiley & Son, 2004

Robert C. Blattberg, Gary Gets, Jacquelyn S. Thomas, *Customer Equity, Building and Managing Relationships as Valuable Assets,* Harvard Business School Press, 2001

Stanley A. Brown & Moosha Gulycz, *Performance Driven CRM, How to Make Your Customer Relationship Management Vision a Reality,* John Wiley & Sons, 2002

Sunil Gupta, Donald R. Lehmann, *Managing Customers as Investments, The Strategic Value of Customers in the Long Run*, Wharton School Publishing, 2005

V. Kumar, Werner J. Reinartz, *Customer Relationship Management, A Databased Approach*, John Wiley & Sons, 2006

찾아보기

CRM의 엔진을 힘차게 돌려라!

1판 1쇄 발행 2008년 7월

저 자 | 최 영 무
발행인 | 남 승 우

발행처 | **남두도서**
주 소 | 서울특별시 동작구 사당3동 220-43
전 화 | 02) 595-1692~4
팩 스 | 02) 595-1394
메 일 | namdoo6@unitel.co.kr
신 고 | 5-76호 (1998. 11. 4)

ISBN 978-89-5780-027-0 13320

값 12,000원